읽기로 시작해 쓰기로 완성하는

# 초등 첫 문해력 신문

이다희 글 | 서희진 그림

**부모님들께**

## 꼬마 독자들이
## 책을 읽는 기쁨을 누리기를 응원하며

"이렇게 좋은 순간에 책이 빠지면 안 되지!"

올여름 첫 복숭아를 한 입 베어 물고 다디단 맛에 감탄하던 아이는 방으로 쪼르르 달려가 책을 가져옵니다.

초등학교 2학년인 저희 아이가 매일 누리는 기쁨은 맛있는 간식을 먹으며 책을 읽는 것입니다. 푹신한 소파에서 이리 뒹굴, 저리 뒹굴 하며 책을 읽다가 키득거리는 아이의 모습을 바라보고 있으면 '신선놀음이 따로 없네.'라는 생각에 미소가 절로 지어집니다.

책을 읽는 기쁨.
아이들이 꼭 누리기를 바라는 기쁨입니다.
어떻게 하면 아이들이 이 기쁨에 한 발자국 더 가까이 다가갈 수 있을까요?

답은 명쾌합니다.
아이들이 재미있어 하는 읽기 자료를 매일 적은 양이라도 꾸준히 읽게 해 주는 것이지요.

'읽는다는 건 재미있는 거야.'라는 사실을 알게 된 아이, 매일 읽어서 읽기 근육이 생긴 아이는 시간이 날 때면 스스로 책을 읽기 시작합니다.

책이 주는 풍요로움을 누리는 '꼬마 독자'가 탄생하는 순간이지요.

『초등 첫 문해력 신문』은 바로 꼬마 독자의 탄생을 위해 만들어진 책입니다.

아이들은 세상 돌아가는 이야기에 귀를 쫑긋 세우고 관심을 두곤 합니다. 엄마, 아빠가 나누는 이야기가 대체 무슨 말인지, 선생님께서 수업 시간에 말씀해 주셨던 그 사건은 대체 어떤 일인지 자세히 알고 싶어 하지요.

그래서 세상 돌아가는 이야기를 가득 담은 신문은 아이들을 읽기의 세계로 초대하는 최적의 자료입니다. 아이들의 부푼 호기심이 꺾이지 않도록 재미있는 주제와 수준에 맞는 어휘를 선택하는 것에 오랜 시간을 들였습니다.

펼치는 순간 '궁금해!'라는 마음이 들 수 있도록, 다 읽고 난 후에는 '나 똑똑해진 것 같아.'라는 생각이 들 수 있도록 말이지요.

총 42개의 흥미로운 기사를 매일 꾸준히 읽으며, 세상을 이해하는 배경지식을 차곡차곡 쌓아 올리고 읽는 습관을 만든 아이는, 책의 마지막 장을 덮을 즈음 자신감 넘치는 꼬마 독자가 되어 있을 거예요.

『초등 첫 문해력 신문』으로 읽기 근육을
튼튼히 키운 꼬마 독자들이 더 넓고 깊은 책들에
성큼성큼 다가가 매일 책 읽는 기쁨을
누릴 수 있기를 바랍니다.

2025년 7월
리딩타임즈 대표 이다희

# 아이들에게 보내는 편지

안녕?

나는 세상의 신기하고 재미있는 뉴스거리를 모아서

어린이들에게 전해 주는 걸 좋아하는 이다희 선생님이라고 해.

우리는 오늘부터 하루에 한 편씩 신문 기사를 읽어 볼 거야.

'신문'이라는 말을 들었을 때 어떤 기분이 들었어?

너무 어려울 것 같기도 하고, 지루할 것 같기도 하다고?

그런 걱정이 들었다면 절대 그럴 필요 없어.

우리가 지금부터 읽을 신문은 말이지,

눈이 휘둥그레질 정도로 신기한 이야기도 있고,

몰랐던 것을 알게 되어서 "아하!" 소리가 나오게 되는 기사도 있을 거야.

읽다가 눈물이 핑 도는 이야기를 만나게 될 수도 있고,

까르르 웃음이 터지는 기사를 읽게 될 수도 있지.

어때? 기대되지 않아?

우리는 6주 동안 재미있는 신문 기사를 읽으며

세상 이야기에 귀를 쫑긋 세울 거야.

6주 동안 매일 빠지지 않고 신문을 읽는다면,

뇌 안에 숨어 있던 '읽기 세포'들이 촘촘히 손을 잡고

너를 더 똑똑하게 만들어 줄 거야.

이 책에는 신문 기사를 읽는 부분도 있고,

기사를 읽은 후 너의 생각을 써 보거나 퀴즈를 푸는 부분도 있어.

신문 일기를 쓰는 공간도 있지.

이 중에 우리가 절대 빠트리지 않고 매일매일 해야 할 일은 바로

**신문 기사 읽기!**

소리 내서 읽어도 좋고, 눈으로 읽어도 좋아.

부모님께서 읽어 주시는 기사를 듣는 것도 도움이 되지.

똑똑한 아이가 되는 아주 쉬운 방법이니 잘 따라 할 수 있겠지?

자, 그럼 지금부터 시작해 볼까?

**똑똑! 초등 첫 문해력 신문!**

2025년 7월, 이다희 선생님이

## 구성과 활용 방법

## 신문을 읽고 깊이 이해하는 활동부터

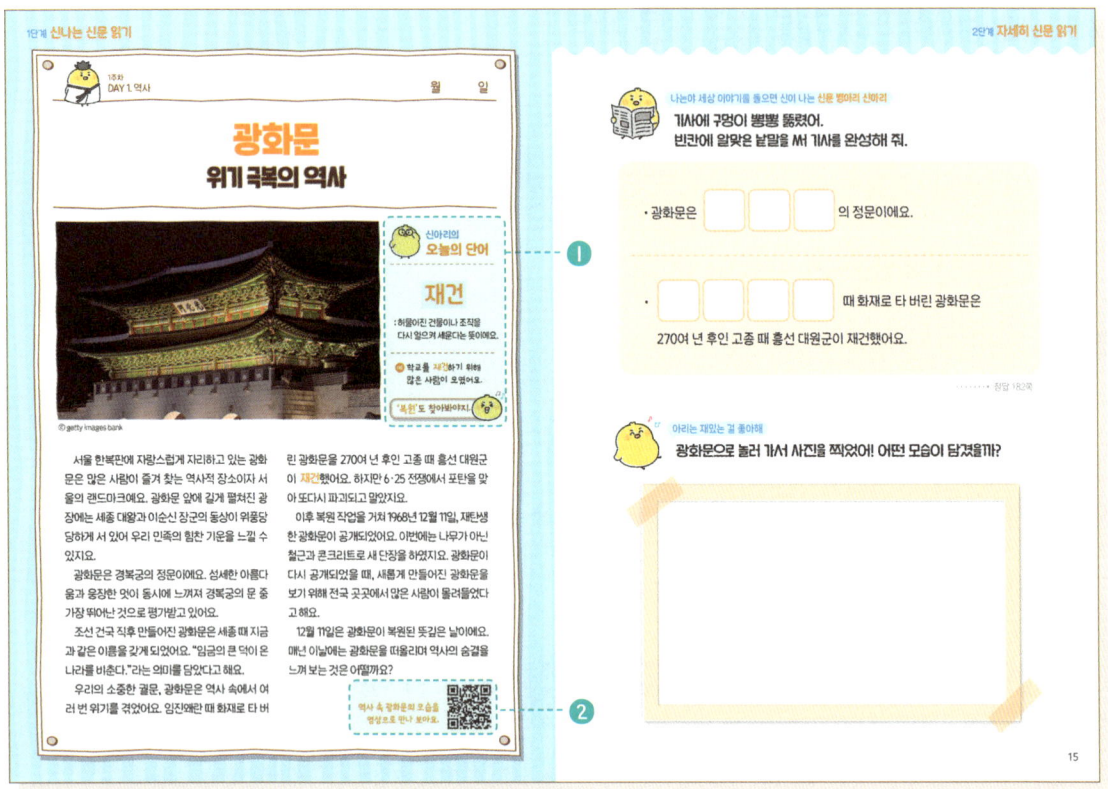

### 1단계. 신나는 신문 읽기

- 아이들이 관심을 가질 만한 주제를 쏙쏙 골라 아이들 수준에 딱 맞는 기사로 읽어요.
  ▶ 소리 내서 기사를 읽어 보아요.

❶ 기사에 나온 단어의 뜻과 예문을 살펴보며 어휘력을 키워요.
  ▶ 단어를 넣어 새로운 문장을 만들어 보아요.
  ▶ 기사에서 모르는 단어를 더 찾아보아요.

❷ QR 코드를 통해 기사의 내용과 관련된 흥미로운 영상을 살펴보아요.

### 2단계. 자세히 신문 읽기

- 기사 완성, 한자 쓰기 등 내용 확인 활동, 공통점 찾기나 그림 그리기 등 창의 활동까지 다양한 활동을 통해 신문의 내용을 깊이 이해해요.

# 사고력과 상상력을 키워 주는 생각 쓰기 활동까지!

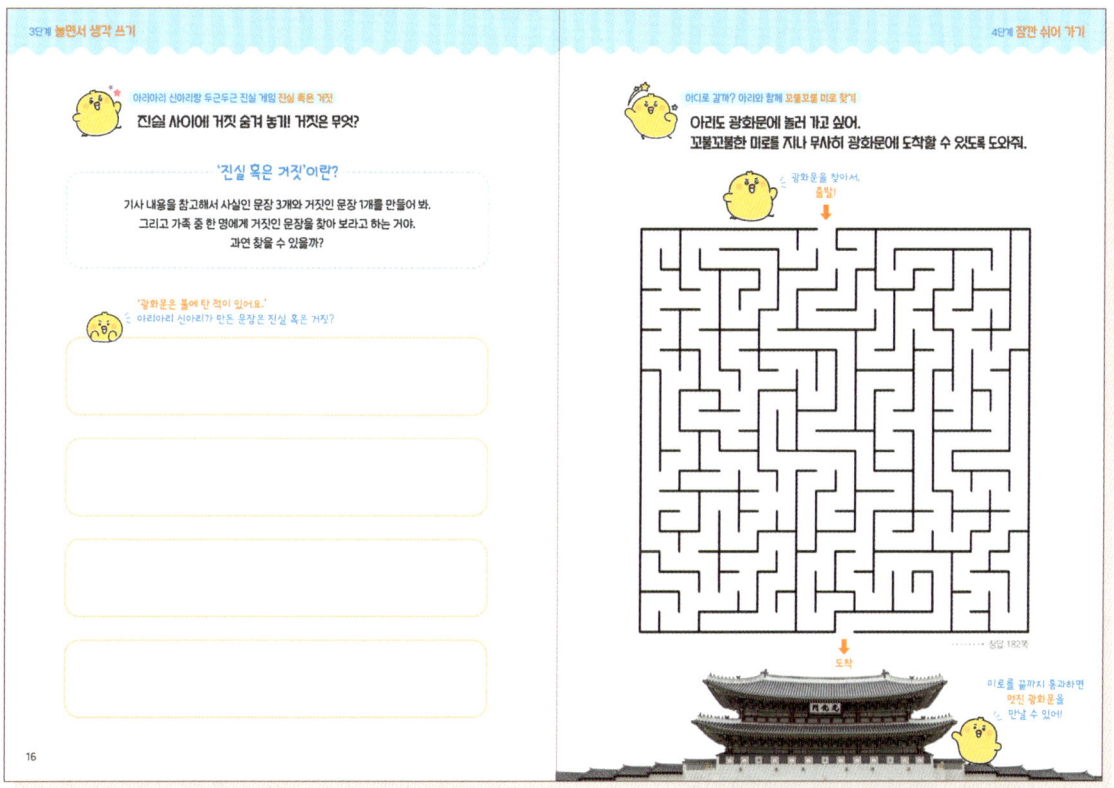

### 3단계. 놀면서 생각 쓰기

- 마법사의 주문, 변화하는 표정 놀이, 속마음 인터뷰 등 사고력과 상상력을 키워 주는 다채로운 활동으로 놀듯이 내 생각을 표현해 보고, 쓰기 실력도 쑥쑥 키워요.

### 4단계. 나도 신문 기자 & 잠깐 쉬어 가기

- 앞의 내용들을 바탕으로 후루룩 신문 일기를 써요. 기사를 정리해 보거나, 나의 상황에 대입해 보는 등 매일 3~5줄로 짧은 신문 일기를 쓰다 보면 쓰는 습관을 만들 수 있어요!

- 가로세로 낱말 퍼즐, 숨은 단어 찾기 등 재미있는 활동으로 어휘력을 길러 보세요. 여기에 암호 풀기, 집 찾기 등 두뇌 개발 활동으로 집중력도 높일 수 있어요.

## 캐릭터 소개

**신문 병아리 신아리**

나는야, **아리아리** 신아리!
세상 이야기를 들으면 신이 나는
신문 병아리야!
우리 친구들이 재미있게 학습하도록 돕는
친구이자, 든든한 학습 도우미지!
나만 믿고 따라오라고~!

단어 공부할 때는
**단어 대장 신아리**

기사 읽을 때는
**신문 병아리 신아리**

잠깐 쉬어 갈 때는
**노는 게 좋은 신아리**

수수께끼, 퀴즈 풀 때는
**신이 나는 신아리**

생각 쓰기는 너무 즐거워
**쓰기 요정 신아리**

신문 일기를 도와주는
**질문 왕 신아리**

과학을 공부할 때는
**똑똑 실험 아리**

역사를 공부할 때는
**에헴! 역사 아리**

 **더 많은 아리를 만나고 싶다면? 신문 읽으러 GO, GO!**

학부모 가이드

## 『초등 첫 문해력 신문』 활용 시 기억해 주세요

**하루 딱 4쪽,**
기사를 소리 내어 읽으며, 문해력의 기본기를 다집니다.

**개인별 활용 가이드**

아래 가이드를 참고하여
아이의 나이 및 문해 능력에 따라 활용해 주세요.

| 나이 및 문해 능력 | 활용 방법 |
|---|---|
| 7세~초등 2학년 | ① 어른이 소리 내어 읽어 주는 것 듣기<br>　+ 스스로 소리 내어 기사 읽어 보기<br>② 제시된 질문에 대한 생각을 소리 내어 말하고<br>　간단히 글로 표현하기 |
| 읽기 유창성이 부족한 초등 3~6학년 | |
| 초등 3~6학년 | ① 기사를 눈으로 읽으며 중요한 문장에 밑줄 긋기<br>② 제시된 질문에 대한 생각을 말해 보고, 글로 표현하기<br>③ 새롭게 알게 된 내용, 더 알아보고 싶은 내용 정리하기 |

**아이와의 대화를 위한 추천 기사**

각 가정의 상황에 맞는 기사를 추천합니다.
추천 기사를 읽고,
아이와 나누는 대화의 수준을 한 단계 발전시켜 보세요.

| 이렇게 하고 싶어요 | 추천 기사 |
|---|---|
| 시사적인 배경지식을 쌓아서 대화 수준을 높이고 싶어요. | 1주 DAY 5, 2주 DAY 2, 3주 DAY 7, 5주 DAY 3 |
| 불안감이 높은 아이의 섬세한 감정에 대해 이야기 나누고 싶어요. | 3주 DAY 1, 4주 DAY 5 |
| 진로에 대해 이야기 나누고 동기 부여를 해 주고 싶어요. | 4주 DAY 6, 6주 DAY 4 |
| 호기심 많은 아이와 다양한 영역에 대해 이야기 나누고 싶어요. | 2주 DAY 1, 5주 DAY 4 |

# 차례

## 1주

| | | |
|---|---|---|
| DAY 1. 역사 | 광화문, 위기 극복의 역사 | 14 |
| DAY 2. 과학 | 안 돼! 콜라처럼 새까만 치아 | 18 |
| DAY 3. 사회 | 딥페이크, 가짜 영상에 속지 마세요! | 22 |
| DAY 4. 사회 | 50년 동안 꺼지지 않는 불, 지옥의 문 | 26 |
| DAY 5. 사회 | 실제 상황, 비상계엄 선포! | 30 |
| DAY 6. 역사 | 김만덕, 제주를 구한 조선 시대 최고의 상인 | 34 |
| DAY 7. 속담 | 못된 송아지 엉덩이에 뿔이 난다 | 38 |

## 2주

| | | |
|---|---|---|
| DAY 1. 과학 | 인류가 사라진 후 문어가 지배하는 지구 | 42 |
| DAY 2. 동기 부여 | 대한민국의 자랑 한강, 노벨 문학상 수상 | 46 |
| DAY 3. 사회 | 셰르 아미, 사람들의 목숨을 구한 영웅 | 50 |
| DAY 4. 과학 | 반려견과 대화할 수 있을까? | 54 |
| DAY 5. 사회 | 심해에서 온 방문객, '종말의 날 물고기' 산갈치 | 58 |
| DAY 6. 사회 | 바다의 부족, 바자우족에게 닥친 위기 | 62 |
| DAY 7. 속담 | 뿌린 대로 거둔다 | 66 |

## 3주

| | | |
|---|---|---|
| DAY 1. 마음 돌봄 | 나를 놀리는 친구, 어떻게 해야 할까요? | 70 |
| DAY 2. 과학 | GMO 식물의 슈퍼파워! 그 속에 숨겨진 비밀 | 74 |
| DAY 3. 속담 | 첫술에 배부르랴 | 78 |
| DAY 4. 과학 | 피터 팬 도롱뇽, 아홀로틀 | 82 |
| DAY 5. 사회 | 쭉쭉 오르는 금값, 도대체 왜? | 86 |
| DAY 6. 사회 | 친구야, 제발 일어나 봐! 코끼리의 작별 인사 | 90 |
| DAY 7. 사회 | 멕시코의 유리 천장을 깬 셰인바움 대통령 | 94 |

### 일러두기

이 책의 기사는 2025년 7월을 기준으로 작성되었습니다.
이 책의 QR 코드 영상은 아이들의 이해를 돕기 위해 제공되었으나, 제공사의 정책상의 이유로 내용이 변동, 삭제, 비공개 처리될 수 있습니다.

## 4주

| | | |
|---|---|---|
| DAY 1. 마음 돌봄 | 얼굴이 털로 뒤덮인 소년, 나는 특별해! | 98 |
| DAY 2. 사회 | 도널드 트럼프, 제47대 미국 대통령 | 102 |
| DAY 3. 사회 | 겨울 바다로 풍덩! 북극곰 수영 대회 | 106 |
| DAY 4. 사회 | 왜 반려동물을 버렸나요? | 110 |
| DAY 5. 마음 돌봄 | "난 망했어."라고 말하는 아이에게 | 114 |
| DAY 6. 동기 부여 | 영국의 위대한 총리, 윈스턴 처칠 | 118 |
| DAY 7. 속담 | 하늘이 무너져도 솟아날 구멍이 있다 | 122 |

## 5주

| | | |
|---|---|---|
| DAY 1. 과학 | 드라이아이스, 정체를 밝혀라! | 126 |
| DAY 2. 예술 | 세상에서 가장 비싼 86억 원짜리 바나나 | 130 |
| DAY 3. 사회 | 달콤한 초콜릿, 왜 가격이 치솟았을까? | 134 |
| DAY 4. 과학 | 우주의 탐정, 제임스 웹 망원경 | 138 |
| DAY 5. 역사 | 띵동, 배달 왔습니다! 조선 시대 배달 음식 | 142 |
| DAY 6. 사회 | 한 모금 마셔 볼까? 물고기 우유 | 146 |
| DAY 7. 동기 부여 | 두들 보이, 낙서로 꿈을 키우다 | 150 |

## 6주

| | | |
|---|---|---|
| DAY 1. 역사 | 조선의 슈퍼히어로, 무예 24기를 훈련하다 | 154 |
| DAY 2. 과학 | 공중을 달리는 기차, 자기 부상 열차 | 158 |
| DAY 3. 사회 | 석기 시대의 모습을 간직한 센티널족 | 162 |
| DAY 4. 동기 부여 | 우리나라 배구의 전설, 김연경 선수 | 166 |
| DAY 5. 역사 | 검투사 VS 사자, 전설이 아니라 사실이라고? | 170 |
| DAY 6. 과학 | 내 얼굴에 진드기가 산다고? 모낭충 | 174 |
| DAY 7. 사회 | 드디어 공개된 신비의 동물, 라이엘산뒤쥐 | 178 |

## 부록

| | |
|---|---|
| 정답 | 182 |
| 출처 | 184 |

## 초등 첫 문해력 신문 〈6주 완성 진도표〉

아리아리 신아리와 함께 주 7회, 총 6주 동안 신문을 읽어 보아요!
신문을 읽을 때마다 날짜를 쓰고, ☆표 하세요.

| 1주 | DAY1 월 일 | DAY2 월 일 | DAY3 월 일 |
|---|---|---|---|
| DAY4 월 일 | DAY5 월 일 | DAY6 월 일 | DAY7 월 일 |
| 2주 | DAY1 월 일 | DAY2 월 일 | DAY3 월 일 |
| DAY4 월 일 | DAY5 월 일 | DAY6 월 일 | DAY7 월 일 |
| 3주 | DAY1 월 일 | DAY2 월 일 | DAY3 월 일 |
| DAY4 월 일 | DAY5 월 일 | DAY6 월 일 | DAY7 월 일 |
| 4주 | DAY1 월 일 | DAY2 월 일 | DAY3 월 일 |
| DAY4 월 일 | DAY5 월 일 | DAY6 월 일 | DAY7 월 일 |
| 5주 | DAY1 월 일 | DAY2 월 일 | DAY3 월 일 |
| DAY4 월 일 | DAY5 월 일 | DAY6 월 일 | DAY7 월 일 |
| 6주 | DAY1 월 일 | DAY2 월 일 | DAY3 월 일 |
| DAY4 월 일 | DAY5 월 일 | DAY6 월 일 | DAY7 월 일 |

# 신문 병아리 신아리와 약속!

하나. 6주 동안 매일 꾸준히 기사를 읽는다.

둘. 기사를 소리 내어 읽어 본다.

셋. 기사를 읽다 모르는 단어가 나오면 뜻을 찾아본다.

넷. 엉뚱한 이야기라도 좋아!
　　기사를 읽고 내 생각을 자유롭게 말해 본다.

다섯. 일주일에 한 편이나 세 편도 좋아!
　　　스스로 목표를 정하고 신문 일기를 쓴다.

약속을 지킬 친구는 _____ (이름)

# 광화문
## 위기 극복의 역사

ⓒ getty images bank

**신아리의 오늘의 단어**

### 재건
: 허물어진 건물이나 조직을 다시 일으켜 세운다는 뜻이에요.

예 학교를 재건하기 위해 많은 사람이 모였어요.

'복원'도 찾아봐야지.

서울 한복판에 자랑스럽게 자리하고 있는 광화문은 많은 사람이 즐겨 찾는 역사적 장소이자 서울의 랜드마크예요. 광화문 앞에 길게 펼쳐진 광장에는 세종 대왕과 이순신 장군의 동상이 위풍당당하게 서 있어 우리 민족의 힘찬 기운을 느낄 수 있지요.

광화문은 경복궁의 정문이에요. 섬세한 아름다움과 웅장한 멋이 동시에 느껴져 경복궁의 문 중 가장 뛰어난 것으로 평가받고 있어요.

조선 건국 직후 만들어진 광화문은 세종 때 지금과 같은 이름을 갖게 되었어요. "임금의 큰 덕이 온 나라를 비춘다."라는 의미를 담았다고 해요.

우리의 소중한 궐문, 광화문은 역사 속에서 여러 번 위기를 겪었어요. 임진왜란 때 화재로 타 버린 광화문을 270여 년 후인 고종 때 흥선 대원군이 재건했어요. 하지만 6·25 전쟁에서 포탄을 맞아 또다시 파괴되고 말았지요.

이후 복원 작업을 거쳐 1968년 12월 11일, 재탄생한 광화문이 공개되었어요. 이번에는 나무가 아닌 철근과 콘크리트로 새 단장을 하였지요. 광화문이 다시 공개되었을 때, 새롭게 만들어진 광화문을 보기 위해 전국 곳곳에서 많은 사람이 몰려들었다고 해요.

12월 11일은 광화문이 복원된 뜻깊은 날이에요. 매년 이날에는 광화문을 떠올리며 역사의 숨결을 느껴 보는 것은 어떨까요?

역사 속 광화문의 모습을 영상으로 만나 보아요.

2단계 **자세히 신문 읽기**

**나는야 세상 이야기를 들으면 신이 나는 신문 병아리 신아리**

## 기사에 구멍이 뽕뽕 뚫렸어.
## 빈칸에 알맞은 낱말을 써 기사를 완성해 줘.

- 광화문은 ☐☐☐ 의 정문이에요.

- ☐☐☐☐ 때 화재로 타 버린 광화문은 270여 년 후인 고종 때 흥선 대원군이 재건했어요.

······ 정답 182쪽

**아리는 재밌는 걸 좋아해**

## 광화문으로 놀러 가서 사진을 찍었어! 어떤 모습이 담겼을까?

### 3단계 놀면서 생각 쓰기

아리아리 신아리랑 두근두근 진실 게임 **진실 혹은 거짓**

## 진실 사이에 거짓 숨겨 놓기! 거짓은 무엇?

#### '진실 혹은 거짓'이란?

기사 내용을 참고해서 사실인 문장 3개와 거짓인 문장 1개를 만들어 봐.
그리고 가족 중 한 명에게 거짓인 문장을 찾아 보라고 하는 거야.
과연 찾을 수 있을까?

'광화문은 불에 탄 적이 있어요.'
아리아리 신아리가 만든 문장은 진실 혹은 거짓?

4단계 **잠깐 쉬어 가기**

**어디로 갈까? 아리와 함께 꼬불꼬불 미로 찾기**

아리도 광화문에 놀러 가고 싶어.
꼬불꼬불한 미로를 지나 무사히 광화문에 도착할 수 있도록 도와줘.

광화문을 찾아서, 출발!

도착

• 정답 182쪽

미로를 끝까지 통과하면 멋진 광화문을 만날 수 있어!

1주차
DAY 2. 과학

월    일

# 안 돼!
# 콜라처럼 새까만 치아

왼쪽부터 차례대로 커피, 차, 레드와인, 콜라에 담가 두었던 치아 모습

신아리의
**오늘의 단어**

## 변색

: 빛깔이 변하여 달라진다는 뜻이에요.

예) 스케치북을 창가에 오랫동안 두었더니 노랗게 **변색**되었어요.

　치킨이나 햄버거를 먹을 때 빠지지 않고 따라오는 음료가 있어요. 바로 콜라예요. 톡 쏘는 탄산이 기름진 음식과 잘 어우러져 많은 사람이 콜라를 즐겨 찾아요. 하지만 콜라를 많이 마시면 치아가 약해지고 변색될 수 있어서 조심해야 해요.
　미국의 치과 의사인 매디슨 박사는 음료가 치아에 미치는 영향을 알아보기 위해 한 가지 실험을 했어요. 치아 네 개를 각각 커피, 차, 레드와인, 콜라에 10일 동안 담그고 변화를 관찰한 거예요.
　실험 결과, 커피에 담근 치아는 노랗게 변했고 특히 뿌리 부분이 짙은 갈색으로 변했어요. 차에 담근 치아도 색깔이 변했지만, 커피보다 심하지는 않았어요. 레드와인에 담근 치아는 표면부터 안까지 전부 보라색으로 바뀌었어요. 그런데 콜라에 담근 치아는 색이 검게 변하는 데서 그치지 않고 치아 표면이 부식되어 길쭉한 구멍까지 생겼어요. 뿌리도 약해졌지요.
　매디슨 박사는 이렇게 말했어요.
　"콜라는 치아를 검게 물들였을 뿐만 아니라 콜라의 산성 성분이 뿌리 구조 일부를 녹여 작은 구멍이 생겼습니다."
　건강한 치아를 유지하려면 콜라처럼 치아를 약하게 만드는 음료는 되도록 적게 마셔야 해요. 만약 콜라와 같은 음료를 마셨다면 먼저 입안을 물로 헹궈요. 그리고 30분 정도 지난 뒤 양치하면 좋아요. 건강하고 새하얀 치아를 만들기 위해서는 생활 속에서의 작은 실천이 중요하답니다.

거울로 치아 색깔을 확인해 봐!
지금 네 치아는 지금 무슨 색깔이야?

## 2단계 자세히 신문 읽기

**아리는 하고 싶은 말이 너무 많아**

**그림을 보고 공통점을 찾아서 적어 봐.**

## 3단계 놀면서 생각 쓰기

아리아리 신아리랑 크게 외쳐 보자 **마법사의 주문**
## 어떻게 해야 치아의 건강을 지킬 수 있을지 생각해 봐.

### '마법사의 주문'이란?

어떤 문제가 있는지 적고,
그 문제를 해결할 수 있는 주문을 만들어 보는 거야.

나는 사람의 입안에서 사는 치아야. 태어날 때는 하얗고 튼튼했지만, 점점 색깔도 바뀌고 곳곳에 구멍도 생기고 있어.

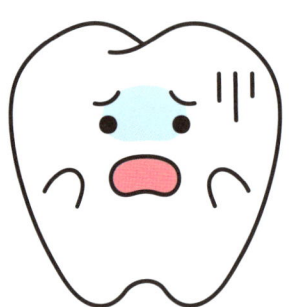

더 이상 아프고 싶지 않아. 튼튼한 치아로 변할 수 있게 주문을 걸어서 나를 도와줘.
삐리 삐리 뾰로로 뽕!

치아의 색이 변하고 구멍이 생긴 이유는

치아의 건강을 지킬 수 있도록 마법사의 주문 시작!

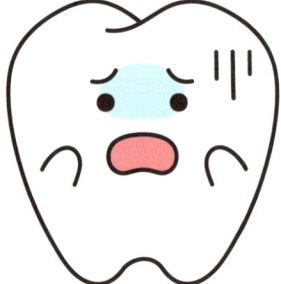

# 4단계 나도 신문 기자

**아리와 함께 후루룩 신문 일기 쓰기**

우리 이제 신문 일기를 써 볼까?
'마법사의 주문'에 적은 내용을 활용해도 좋아.

제목:

월    일    요일

 **일기 쓰기를 도와주는 아리의 질문**

- 콜라처럼 톡 쏘는 탄산음료를 마셔 본 경험이 있어?
- 말끔했던 치아가 점점 변색되고 여기저기에 구멍이 생긴다면 어떨까?
- 기사를 읽은 후, 더 알고 싶은 점이나 새롭게 알게 된 점이 있어?

1주차
DAY 3. 사회

월    일

# 딥페이크
## 가짜 영상에 속지 마세요!

ⓒ getty images bank

신아리의
**오늘의 단어**

# 협박

: 겁을 주며 남에게 억지로 어떤 일을 하도록 강요하는 것을 뜻해요.

예) 과자를 사 오지 않으면 비밀을 퍼뜨리겠다고 누나가 **협박**했어요.

"살려 주세요!"

방에 갇힌 채 울고 있는 딸의 영상이 한 중국인 부모의 핸드폰에 수신되었어요. 영상을 보낸 사람은 "당신의 딸을 납치했으니, 딸을 살리고 싶다면 돈을 보내시오."라고 협박했지요. 딸은 한국의 제주도로 여행을 떠나 있던 상태였어요. 부모는 납치 사실을 신고했고, 제주도 경찰서의 형사들은 급하게 납치된 딸을 찾아 나섰어요.

그런데 이게 어떻게 된 일일까요? 납치되었다던 딸은 즐겁게 제주도를 여행하고 있었어요. 알고 보니 중국인 부모가 받은 영상은 범죄 조직이 만든 '딥페이크' 영상이었던 거예요.

딥페이크란 인공 지능 기술을 이용하여 사진이나 영상을 조작하는 일을 뜻해요.

딥페이크 영상은 가짜라는 것을 알아보기 힘들 정도로 실제 모습과 비슷해요. 사람의 목소리까지 그대로 흉내 낼 수 있어 가짜와 진짜를 구별하기가 더욱 힘들지요.

한 경찰은 "국내에서 벌어진 사건은 아니지만 딥페이크 기술이 충분히 범죄에 악용될 수 있음을 보여 준 사례입니다."라고 말했어요.

인공 지능이 발전함에 따라 딥페이크 영상으로 인한 범죄와 피해가 날이 갈수록 늘어나고 있어요. 이를 방지하기 위해서 어떤 노력이 필요할지 함께 생각해 보아요.

딥페이크 영상을 만든 사람에게
어떤 처벌을 내리면 좋을까?
자유롭게 말해 봐!

2단계 **자세히 신문 읽기**

나는야 세상 이야기를 들으면 신이 나는 신문 병아리 신아리

**딥페이크 영상을 만든 사람에게 강력한 경고장을 보내 봐.**

헤헤 못 맞힐걸?

**설명을 읽고 어떤 낱말인지 맞혀 봐.**

힌트! 기사에 있는 낱말이야.

강제 수단을 써서
억지로 데리고 감

남이 하는 말이나
행동을 그대로 옮김

어떤 일이나 현상이
일어나지 못하게 막음

정답 182쪽

**3단계 놀면서 생각 쓰기**

 **아리아리 신아리랑 솔직하게 이야기해 보자 속마음 인터뷰**

## 기사 속 부모님의 속마음을 상상해서 인터뷰해 보자.

### '속마음 인터뷰'란?

인터뷰 대상이 되었다고 상상하고 속마음을 솔직하게 말해 보는 거야.

 딸이 방에 갇힌 채 울고 있는 영상을 받았을 때 어떤 기분이 들었나요?

 딥페이크 영상으로 인한 피해를 직접 겪으신 분으로서, 인공 지능의 발달에 대해 어떻게 생각하시나요?

 딥페이크 영상을 만드는 사람들에게 어떤 말을 해 주고 싶은가요?

4단계 **나도 신문 기자**

아리와 함께 **후루룩 신문 일기 쓰기**

우리 이제 신문 일기를 써 볼까?
아리의 질문에 대한 답을 적어도 좋아.

제목:

월    일    요일

 **일기 쓰기를 도와주는 아리의 질문**

- 기사를 읽기 전, '딥페이크'라는 단어를 들어 본 적이 있어?
- 사람들은 왜 딥페이크 사진이나 영상을 만들까?
- 인공 지능 기술이 범죄에 이용되지 않으려면 어떻게 해야 할까?

# 50년 동안 꺼지지 않는 불
# 지옥의 문

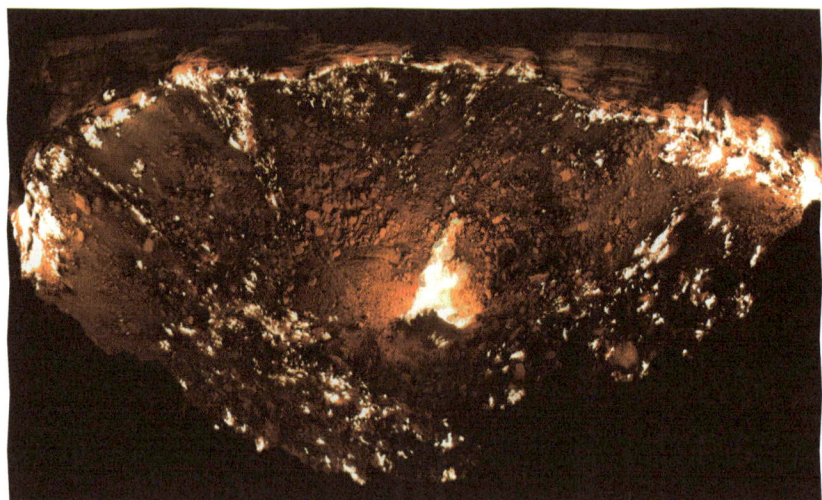
ⓒ getty images bank

### 신아리의 오늘의 단어

**매장**

: 지하자원이 땅속에 묻혀 있는 상태를 뜻해요.

예) 우리나라에도 석유가 매장되어 있을지 몰라요.

'채취'도 찾아봐야지.

　황량한 사막 한가운데 50년이 넘는 시간 동안 불타고 있는 거대한 구덩이가 있어요. 이란과 우즈베키스탄 사이에 위치한 투르크메니스탄, 바로 이곳에 있는 '지옥의 문'이에요. 축구장만 한 크기의 불구덩이가 이글거리는 모습이 마치 지옥의 입구처럼 보여 이런 별명이 붙었지요. 이곳은 대체 어떻게 생기게 되었을까요?

　1971년, 동굴 속 천연가스를 연구하기 위해 땅을 파 내려가던 때였어요. 굴착기 사고로 땅에 거대한 구멍이 생겼고, 갈라진 땅 사이에서 천연가스가 새어 나왔지요. 사람들은 구멍에 불을 붙여 가스를 태워 없애기로 했어요. 몇 주만 지나면 불이 저절로 꺼질 거라고 예상했지만, 불은 50여 년이 지난 지금도 타오르고 있어요. 구멍 아래에 예상보다 훨씬 많은 천연가스가 매장되어 있었기 때문이에요.

　'지옥의 문'의 꺼지지 않는 불씨는 투르크메니스탄 사람들의 건강을 위협하고 환경을 오염시키고 있어요. 투르크메니스탄의 대통령과 전문가들은 불구덩이를 없애기 위해 다양한 방법을 시도했지만 번번이 실패로 끝나고 말았지요.

　최근 투르크메니스탄 정부는 '지옥의 문'에서 나오는 천연가스를 채취해 불을 끄겠다는 새로운 계획을 발표했어요. 과연 이번에는 '지옥의 문'이 정말로 닫힐 수 있을지 사람들의 관심이 집중되고 있어요.

활활 타고 있는 거대한 불구덩이, 투르크메니스탄의 '지옥의 문'을 영상을 통해 만나 보아요.

2단계 **자세히 신문 읽기**

 나는야 세상 이야기를 들으면 신이 나는 신문 병아리 신아리

## '지옥의 문'에 생명체가 산다면 어떤 모습일지 상상해서 그려 봐.

뜨거운 불에도 견딜 수 있게 단단한 갑옷을 가진 생명체가 살 것 같아!

**3단계 놀면서 생각 쓰기**

아리아리 신아리랑 꼬리에 꼬리를 무는 신문 내용 정리 시간 꼬꼬신

# 신문 기사에서 중요한 내용을 떠올려 봐.

### '꼬꼬신'이란?

꼬리에 꼬리를 무는 신문, 꼬꼬신!
신문 기사의 내용을 차례대로 정리해 보는 거야.

주황색 부분만 바꿔서 써 봐.
멋진 문장을 만들 수 있어.

**1971년, 투르크메니스탄에서 이런 일이 벌어졌어요.**

..................................................

..................................................

**사람들은 천연가스를 없애기 위해 이런 행동을 했어요.**

..................................................

..................................................

**50여 년이 지난 지금, '지옥의 문'은 여전히 이런 모습이에요.**

..................................................

..................................................

28

4단계 **나도 신문 기자**

**아리와 함께 후루룩 신문 일기 쓰기**

우리 이제 신문 일기를 써 볼까?
'꼬꼬신'에 적은 내용을 활용해도 좋아.

제목:

　　　　　　　　　　　　　　　　　　월　　　일　　　요일

 **일기 쓰기를 도와주는 아리의 질문**

- 기사를 읽기 전, 기사 제목만 보고 어떤 생각이 들었어?
- '지옥의 문'이 우리나라에 있다면 어떨 것 같아?
- '지옥의 문'을 닫을 수 있는 좋은 아이디어가 있다면 이야기해 볼까?

1단계 **신나는 신문 읽기**

1주차
DAY 5. 사회

월    일

# 실제 상황, 비상계엄 선포!

ⓒ getty images Korea

신아리의 **오늘의 단어**

## 의아하다

: 의심스럽고 이상하다는 뜻이에요.

예) 먹고 있던 과자를 재빨리 숨기자 엄마가 의아하다는 듯이 나를 쳐다보았어요.

'선포'도 찾아봐야지.

"에헴, 주목! 이 바다의 안전을 위협하는 동물들이 늘어나고 있다. 사사건건 이 백상아리 님의 말에 반대하는 물고기 떼, 바다사자, 꼼치! 이 녀석들 때문에 바다를 평화롭게 지킬 수가 없구나. 평화롭고 자유로운 바다 환경을 회복하기 위해 내가 나서야겠다. 지금부터 '긴급 상황'을 선포한다!"

바다를 다스리던 백상아리가 이렇게 말하며 상어 군대를 출동시켰어요.

바다에 사는 다른 동물들은 어리둥절했어요. 백상아리의 말에 종종 반대 의견을 낸 적은 있지만 그게 바다의 안전을 위협한다고 느낀 적은 없었으니까요. 바다에 사는 동물이라면 누구나 자유롭게 생각을 표현할 수 있다고 배웠으니, 백상아리의 긴급 상황 선포가 의아하게 느껴졌어요.

바다 동물들은 다 함께 모여 백상아리에게 찾아갔어요. 바다는 여전히 안전하니 긴급 상황이라고 말한 것을 취소하라고 했지요. 백상아리는 민망한 듯 이야기했어요.

"모두의 의견이 그렇다면야… 긴급 상황 취소!"

2024년 12월 3일, 우리나라에도 비슷한 일이 있었어요. 윤석열 대통령이 '자유 대한민국을 재건하고 지켜 내겠다'고 말하며 비상계엄을 선포한 거예요. 하지만 많은 국민의 반대에 부딪혀 비상계엄은 약 6시간 만에 해제되었어요.

2024년 12월 3일, 비상계엄이 선포되었을 때 국회에서는 어떤 일이 일어났는지 영상을 통해 살펴보아요.

2단계 **자세히 신문 읽기**

**나는야 세상 이야기를 들으면 신이 나는 신문 병아리 신아리**

## 긴급 상황을 선포한 백상아리에게 하고 싶은 말이 있다면 적어 봐.

흐음, 나한테
할 말이 있다고?

**아리는 하고 싶은 말이 너무 많아**

## 기사를 읽은 후 너의 생각을 말해 줘.

> 백상아리가 긴급 상황을 선포했을 때 바다 동물들이 백상아리를 찾아가 긴급 상황을 취소하라고 말한 장면이 무척 인상 깊어.

> 우리 반에도 백상아리와 비슷한 친구가 있어. 같이 놀다가 자기가 불리해지면 "잠깐!"이라고 외치면서 놀이 규칙을 마음대로 바꿔.

> 우리나라에서 비상계엄이 선포되다니 정말 충격이야. 난 우리나라가 평화롭고 안전하다고 느끼면서 지냈는데 왜 비상계엄이 선포됐을까?

**3단계 놀면서 생각 쓰기**

 **아리아리 신아리랑 중요한 내용만 쏙쏙 줄어드는 마법 상자**

# 기사에서 중요한 내용을 찾아서 요약해 보자.

## '줄어드는 마법 상자'란?

기사의 핵심 내용만 드러낼 수 있도록 기사를 간단하게 다시 써 보는 거야.

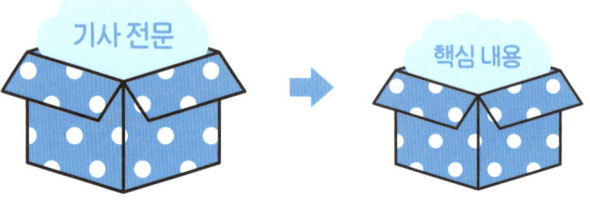

 아래 질문에 대한 답을 적다 보면, 저절로 기사 내용을 요약할 수 있을 거야!

- 백상아리는 무엇을 선포했나요?
- 백상아리가 그러한 결정을 한 이유는 무엇인가요?
- 다른 바다 동물들은 백상아리의 결정에 대해 어떻게 반응했나요?
- 2024년 12월 3일, 우리나라에는 어떤 일이 있었나요?

4단계 **나도 신문 기자**

 **아리와 함께 후루룩 신문 일기 쓰기**

우리 이제 신문 일기를 써 볼까?
'줄어드는 마법 상자'에 적은 내용을 활용해도 좋아.

제목:

　　　　　　　　　　　　　　　　　　　　　월　　　일　　요일

 **일기 쓰기를 도와주는 아리의 질문**

🖊 백상아리처럼 행동하는 사람들이 많아지면 어떤 일이 생기게 될까?

🖊 백상아리에게 바다의 평화를 지킬 수 있는 방법을 알려 준다면, 어떤 말을 하고 싶어?

🖊 기사를 읽은 후, 새롭게 알게 된 점이나 더 궁금한 점이 있니?

1단계 신나는 신문 읽기

1주차
DAY 6. 역사

월   일

# 김만덕
## 제주를 구한 조선 시대 최고의 상인

누구나 꿈을 위해 노력하고 세상에 이바지할 수 있어요.

ⓒ getty images bank

신아리의
**오늘의 단어**

### 흉년

: 농작물이 작년에 비해 잘되지 않아 굶주리게 된 해를 뜻해요.

예) 올해는 배추 농사가 **흉년**이라 농부가 울상을 지었어요.

    조선 시대에는 여성의 활동이 자유롭지 못했어요. 새로운 것을 배울 기회도 적었고, 꿈을 갖고 사회 활동을 할 수도 없었지요.
    이런 상황에서도 꿈을 펼쳐 큰돈을 벌고, 어려운 사람들을 도우며 살아간 인물이 있어요. 바로 조선 시대 최고의 상인으로 불리는 김만덕이에요.
    제주도의 가난한 집에서 태어난 김만덕은 일찍이 부모님을 여의고 힘들게 살았어요. 하지만 포기하지 않고 열심히 돈을 모아서 장사를 시작했지요.
    사람들은 처음에 "여자가 무슨 장사를 해?"라며 김만덕을 무시했지만, 점차 김만덕을 찾기 시작했어요. 김만덕은 육지에서만 구할 수 있는 귀한 물건을 가져와 팔았거든요. 반대로 육지 사람들에게는 제주도의 특산품을 싼 가격에 넘겼지요.

    큰돈을 번 김만덕은 오랫동안 생각해 온 것을 실천했어요. 바로 어려운 사람들을 돕는 일이었어요. 당시 제주도에는 **흉년**이 들어 굶어 죽는 사람들이 많았어요. 왕이 쌀을 배에 실어 보냈지만 배가 침몰하는 바람에 상황은 더욱 어려워졌지요.
    김만덕은 그동안 모은 돈으로 기꺼이 선행을 베풀었어요. 육지에서 쌀을 사 와 굶주림에 시달리는 제주도 사람들에게 나누어 준 거예요.
    고난을 딛고 일어서서 사람들을 도우며 살아간 김만덕의 생애는 그 당시 《만덕전》이라는 책으로까지 만들어졌어요.

조선 시대 최고의 상인, 김만덕의 생애를 영상을 통해 만나 보아요.

2단계 **자세히 신문 읽기**

나는야 세상 이야기를 들으면 신이 나는 신문 병아리 신아리

**즐거운 OX 퀴즈 시간! 기사를 잘 읽었다면 맞힐 수 있을 거야.**

1. 김만덕은 육지 사람들에게 제주도의 특산품을 아주 비싼 가격에 팔았어요.

2. 제주도에 흉년이 들자 김만덕은 사람들을 도왔어요.

3. 김만덕의 이야기는 《만덕전》이라는 책으로 만들어졌어요.

정답 182쪽

아리가 가장 좋아하는 끝말잇기 시간

**기사에 나온 낱말의 마지막 글자를 시작으로 끝말잇기를 해 보자.**

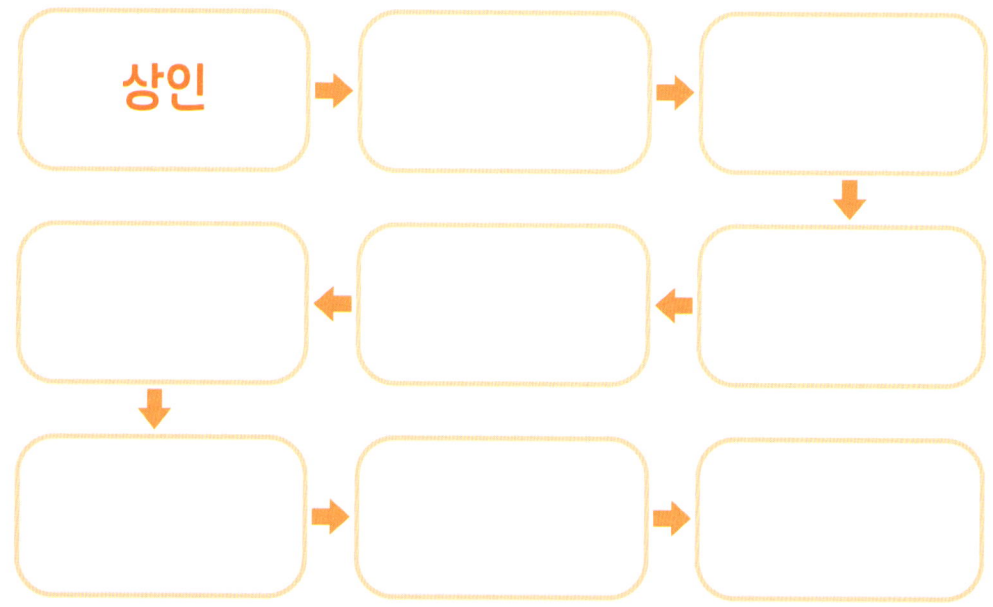

상인 →

### 3단계 놀면서 생각 쓰기

**아리아리 신아리랑 칭찬 듬뿍 해 보자 칭찬 소나기**

## 김만덕에게 해 주고 싶은 말을 모두 찾아서 적어 봐.

'칭찬 소나기'란?

하늘에서 소나기가 쏟아지듯, 기사 속 주인공에게 아낌없이 칭찬을 많이 해 주는 거야.

| | | |
|---|---|---|
| 어려운 사람들을 도운 당신은 대단해요. | 당신의 선행이 사람들을 살렸어요. | 가난 속에서도 노력한 당신은 위대해요. |
| 당신의 노력은 반짝반짝 빛이 나요. | 힘든 상황을 이겨 낸 당신은 강인해요. | 장사를 잘하는 당신이 부러워요. |
| 당신이 존경스러워요. | 당신은 영리해요. | 당신의 인생은 최고예요. |

 새로운 칭찬도 환영이야!

# 4단계 나도 신문 기자

**아리와 함께 후루룩 신문 일기 쓰기**

우리 이제 신문 일기를 써 볼까?
아리의 질문에 대한 답을 적어도 좋아.

제목:

　　　　　　　　　　　　　　　　　월　　　일　　　요일

**일기 쓰기를 도와주는 아리의 질문**

✏️ 조선 시대 여성들처럼 꿈을 이루기 어려운 환경에 놓인다면 어떤 기분이 들까?

✏️ 김만덕은 무슨 생각을 하며 자기가 가진 것을 나누어 주었을까?

✏️ 김만덕에게 전하고 싶은 말이나 궁금한 점이 있어?

# 못된 송아지 엉덩이에 뿔이 난다

으으~, 엉덩이가 가려워. 마구 심술 부리고 싶어!

© getty images bank

### 신아리의 오늘의 단어

## 아랑곳하다

: 어떤 일에 나서서 참견하거나 관심을 두는 상황을 뜻해요.

예) 형은 내 기분에도 아랑곳하지 않고 혼자 블록 놀이를 했어요.

3학년인 민재는 말썽꾸러기였어요. 친구들이 싫어하는 장난을 쳐서 걸핏하면 친구들과 다퉜어요. 게다가 가만히 앉아 있는 친구들을 툭툭 치며 지나가곤 했지요. 민재가 거쳐 간 자리는 늘 소란스러웠고, 민재의 행동 때문에 같은 반 친구들의 불만과 한숨은 계속해서 쌓여만 갔어요.

하지만 민재는 아랑곳하지 않고 더 심한 장난을 쳤어요. 담임 선생님이 책상 옆을 지나갈 때 한쪽 발을 슬그머니 내민 거예요. 결국 선생님은 민재의 발에 걸려 우당탕 넘어지고 말았어요.

이 소식을 전해 들은 어른들은 혀를 차며 이렇게 말했어요.

"못된 송아지 엉덩이에 뿔이 난다고 하더니…. 민재가 딱 그렇지 뭐야."

송아지는 자라면서 머리에 뿔이 나요. 뿔이 나는 시기가 되면 가려워서 머리로 이곳저곳을 파헤치고 다니지요. 그런데 머리에 나야 할 뿔이 엉덩이에 난다면 더 가만히 있지 못하고 여기저기 들쑤시고 다닐 거예요.

"못된 송아지 엉덩이에 뿔이 난다."라는 속담은 안 그래도 미운 송아지가 엉덩이에 뿔까지 나서 더 나쁜 행동만 하는 모습을 표현한 말이에요. 못된 사람이 자기 행동을 반성하지 않고 오히려 더 엇나가는 짓을 할 때 이 속담을 사용해요.

오늘 배운 속담과 관련된 이야기가 궁금하다면 영상을 통해 확인해 보아요.

2단계 **자세히 신문 읽기**

**나는야 세상 이야기를 들으면 신이 나는 신문 병아리 신아리**
오늘 배운 속담을 따라 적어 보자.

# 못된 송아지 엉덩이에 뿔이 난다

못된 송아지 엉덩이에 뿔이 난다

**아리는 하고 싶은 말이 너무 많아**
"못된 송아지 엉덩이에 뿔이 난다."라는 속담을 들었을 때 떠오르는 기억이 있다면 적어 봐.

아리는 심술쟁이 친구가 떠올라.
자기 물건을 잘 안 빌려주는 친구인데,
맛있는 간식도 나눠 주지 않고 혼자 먹었어.

## 3단계 놀면서 생각 쓰기

아리아리 신아리랑 새로운 문장을 만들어 보자 **와르르 표현 상자**

# 기사에 나온 문장을 뜻이 통하는 다른 문장으로 바꿔 봐.

### '와르르 표현 상자'란?

정해진 문장을 여러 가지 방법으로 표현해 보는 거야.
아랑곳하지 않는 모습을 떠올려 보고, 다양하게 표현해 봐.

- 바닥에 넘어졌지만 개의치 않고 일어났다.
- 숙제를 다 못 했지만 태연했다.
- 친구가 말을 걸었지만 공부를 하느라 대답하지 않았다. 
- 누나의 기분을 신경 쓰지 않고 놀자고 졸랐다.
- "응? 뭐라고?" 잘 안 들리는 척했다.

**아랑곳하지 않다**

40

## 4단계 잠깐 쉬어 가기

**어휘력 쑥쑥! 아리와 함께 가로세로 낱말 퍼즐**

우리 이제 재미있는 낱말 퍼즐을 해 볼까?
단어에 대한 설명을 읽고 알맞은 단어를 빈칸에 적어 봐.

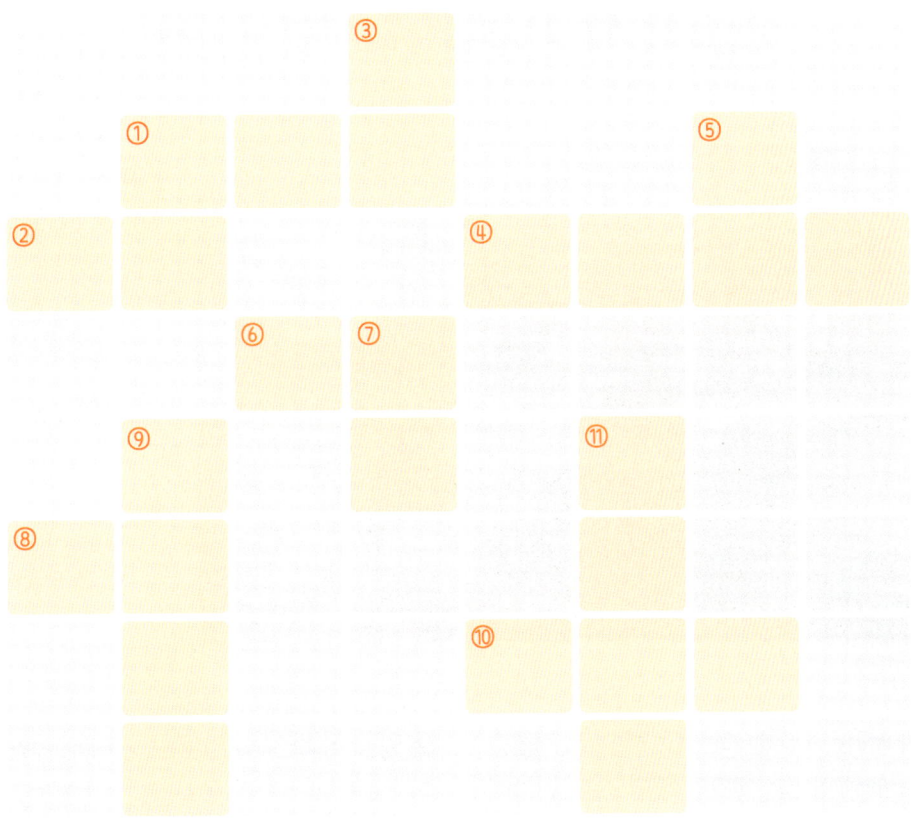

### [가로 퍼즐]

① 경복궁의 정문을 뜻하는 말이에요.

② 지하자원이 땅속에 묻혀 있는 상태를 이르는 말은 무엇일까요?

④ 5일 신문 기사에 나온 바다 동물 중 하나로, '긴급 상황'을 선포한 동물의 이름은 무엇일까요?

⑥ 김만덕이 살았던 시대는 언제일까요?

⑧ 딥페이크란 인공 지능 기술을 이용하여 사진이나 ○○을 조작하는 일을 뜻해요.

⑩ "못된 송아지 ○○○에 뿔이 난다."라는 속담에서 동그라미에 들어갈 단어는 무엇일까요?

### [세로 퍼즐]

① 광화문 앞에 길게 펼쳐진 이곳에는 세종 대왕과 이순신 장군 동상이 서 있어요.

③ 대궐의 문을 뜻하는 단어예요.

⑤ 콜라를 많이 마시면 이것이 변색될 수 있어요.

⑦ 김만덕이 제주도 사람들에게 쌀을 베풀었듯 착하고 어진 행실을 이르는 단어예요.

⑨ 2024년 12월 3일, 우리나라 대통령이 이것을 선포해 논란이 되었어요.

⑪ 불이 타고 있는 속을 뜻하는 말로, '지옥의 문'은 거대한 이것이에요.

정답 182쪽

# 인류가 사라진 후 문어가 지배하는 지구

ⓒ getty images bank

지구 정복을 위하여!

**신아리의 오늘의 단어**

## 소통

: 뜻이 서로 통하여 오해가 없음을 의미해요.

예) 아무리 말해도 소통이 안 되는 것 같아 답답한 마음이 들었어요.

　인류가 사라진 지구는 어떤 모습일까요? 텅 빈 도시와 황폐한 거리가 생각날 수도 있고, 인간이 아닌 다른 생명체가 지구를 지배하는 모습이 떠오를 수도 있을 거예요.
　영국 옥스퍼드 대학의 팀 콜슨 교수는 이렇게 말했어요.
　"인류가 멸망하면 문어가 지구를 지배하게 될 거예요."
　그는 문어가 높은 지능과 소통 능력을 가지고 있어 인류처럼 새로운 문명을 일으킬 수 있다고 설명했어요. 또한 팀 콜슨 교수는 문어가 물 밖에서 30분 동안 숨을 쉴 수 있다는 사실에 주목했어요. 문어가 육지 동물로 완벽히 진화할 수는 없겠지만, 언젠가 물 밖 환경에도 충분히 적응할 수 있을 만큼 뛰어난 동물이라는 거예요. 그는 문어들이 그들만의 육지 동물 사냥법을 개발하거나 바다에 도시를 건설할 수도 있다고 덧붙였어요.
　실제로 문어는 복잡한 뇌 구조와 높은 인지 능력을 지녀 문어끼리 소통할 수 있고 다양한 환경에서 살아남을 수 있어요. 심지어 도구를 이용해 새우 같은 작은 생물뿐만 아니라 상어나 새까지 사냥할 수 있지요.
　한편 인간과 비슷한 원숭이나 침팬지는 인류가 멸망할 때 함께 멸종할 가능성이 높다고 해요. 오직 문어만 살아남은 세상, 상상이 가나요?

문어가 사냥하는 모습을 영상을 통해 살펴보아요.

2단계 **자세히 신문 읽기**

**나는야 세상 이야기를 들으면 신이 나는 신문 병아리 신아리**
**문어가 지배하는 세상을 상상해서 그림으로 표현해 봐.**

### 3단계 놀면서 생각 쓰기

아리아리 신아리랑 신나게 놀아 보자 끝없이 이어지는 버블버블 생각 주머니
# 한계란 없어! 기사를 읽고 자유롭게 생각을 떠올려 봐.

### '버블버블 생각 주머니'란?

기사를 읽고 나서 떠오르는 생각을 모두 다 적어 보는 거야.

**신아리의 버블버블 생각 주머니**

- 적응 능력
- 지구 지배
- 바다 도시
- 문어가 육지 생활을?
- 지능
- 미래
- 문어
- 문어 대통령
- 인류가 설마 멸망?
- 갑자기 문어 못 먹겠어!
- 침팬지
- 대왕문어
- 똑똑한 문어

_____의 버블버블 생각 주머니

**TIP! 버블버블 생각 주머니 적는 꿀팁!** '이런 것을 적어도 될까?'라는 생각은 절대 하지 않기! 무엇이든 다 좋아! 마음껏 적어 봐.

4단계 **나도 신문 기자**

**아리와 함께 후루룩 신문 일기 쓰기**

우리 이제 신문 일기를 써 볼까?
'버블버블 생각 주머니'에 적은 내용을 활용해도 좋아.

제목:

　　　　　　　　　　　　　　　　　　　월　　　일　　　요일

**일기 쓰기를 도와주는 아리의 질문** ― 이 질문에 대한 답을 연결해서 일기로 적어 보아도 좋아.

✏ 기사를 읽기 전, 문어가 헤엄치는 사진을 보고 어떤 느낌이 들었어?

✏ 문어가 지배하는 나라에 홀로 남겨진 인간이 바로 나라면, 어떻게 할 거야?

✏ 기사를 읽은 후, 더 알아보고 싶은 내용이 있어?

# 대한민국의 자랑
# 한강, 노벨 문학상 수상

ⓒ getty images Korea

**신아리의 오늘의 단어**

## 회상

: 지난 일을 돌이켜 생각해 보는 것을 뜻해요.

예) 엄마는 오래된 앨범을 꺼내어 보며 어린 시절을 회상했어요.

　한강 작가님에 대해 들어 본 적 있나요? 한강 작가님은 2024년 한국인 최초로 노벨 문학상을 수상하여 우리나라 사람들에게 감동과 자부심을 안겨 준 분이랍니다.

　한강 작가님은 《채식주의자》와 《소년이 온다》 등의 작품을 통해 인간의 깊은 감정과 우리나라 역사의 아픔을 생생히 표현했고, 이는 전 세계 사람들에게 큰 울림을 주었어요.

　노벨 문학상 수상 소식이 전해지자, 서점가는 한강 작가님의 책을 읽고 싶어 하는 사람들로 북적였어요. 이미 작품을 읽었던 사람들은 책꽂이에 꽂힌 책을 다시 읽어 보며 감동을 고스란히 되새겼지요.

　2024년 12월, 한강 작가님은 스웨덴 스톡홀름에서 '빛과 실'이라는 제목으로 노벨상 수상 강연을 했어요. 그 강연에서 과거를 회상하며 여덟 살 때 쓴 시를 소개하기도 했지요.

　"사랑이란 어디 있을까? 팔딱팔딱 뛰는 나의 가슴 속에 있지. 사랑이란 무얼까? 우리의 가슴과 가슴 사이를 연결해 주는 금실이지."

　그녀는 "여덟 살 아이가 사용하던 단어 몇 개가 지금의 나와 연결되어 있다고 느꼈습니다."라고 말했어요.

　사랑을 말하던 여덟 살 아이가 자라 노벨 문학상을 수상한 작가가 되었듯, 여러분 역시 지금 하고 있는 무엇인가가 미래의 나를 만들어 갈 거예요.

스웨덴 스톡홀름에서 열린 한강 작가님의 한국어 강연을 영상으로 만나 보아요.

**2단계 자세히 신문 읽기**

**나는야 세상 이야기를 들으면 신이 나는 신문 병아리 신아리**

# 언젠가 노벨상을 받는다면 수상 소감으로 어떤 말을 하고 싶어?
# 나만의 노벨 ○○상을 만들어 봐도 좋아.

노벨 신문상을 받은 아리입니다!
어렸을 때부터 신문을 읽는 습관이 있었는데
이렇게 상을 타게 되어 행복합니다.

**아리는 궁금한 게 너무 많아**

# 요즘 자주 사용하는 단어를 적어 봐(5개).

아래 단어들 중 몇 개는
미래의 너와 연결되어 있을 거야!

47

# 3단계 놀면서 생각 쓰기

아리아리 신아리랑 신나게 놀아 보자 **두근두근 꿈 꾸러미**

## 노벨상을 받는 순간을 상상하며 너의 꿈을 적어 봐.

### '두근두근 꿈 꾸러미'란?

되고 싶은 모습, 하고 싶은 일, 듣고 싶은 말, 가고 싶은 곳!
꿈과 관련된 것은 무엇이든 좋으니 내 머릿속을 가득 채워 봐!

4단계 **나도 신문 기자**

 **아리와 함께 후루룩 신문 일기 쓰기**

**우리 이제 신문 일기를 써 볼까?
'두근두근 꿈 꾸러미'에 적은 내용을 활용해도 좋아.**

제목:

월   일   요일

 **일기 쓰기를 도와주는 아리의 질문**

- 한강 작가님을 실제로 만난다면 어떤 이야기를 하고 싶어?
- '두근두근 꿈 꾸러미'에 적은 꿈이 모두 이루어졌을 때 어떤 말을 하고 싶니?
- 기사를 읽은 후, 새롭게 알게 된 점이나 더 궁금한 점이 있어?

1단계 신나는 신문 읽기

2주차
DAY 3. 사회

월    일

# 셰르 아미
## 사람들의 목숨을 구한 영웅

나는 194명의 목숨을 구한 영웅이라고!

ⓒ getty images bank

**신아리의 오늘의 단어**

### 포격

: 대포를 쏜다는 뜻이에요.

예 밤새도록 포격이 멈추지 않았어요.

'돌진'도 찾아봐야지.

제1차 세계 대전 당시, 미국은 독일과 치열한 전투를 벌였어요. 미국의 휘틀시 소령은 군대를 이끌고 독일군을 향해 용감하게 돌진하다가 그만 독일군에게 둘러싸이게 되었어요.

그 사실을 몰랐던 또 다른 미국 군대는 독일군을 향해 폭탄을 퍼붓기 시작했어요. 그 바람에 휘틀시 소령과 부하들은 위험에 처하고 말았지요. 소식을 전할 수 있는 통신망이 모두 파괴된 상황이라, 휘틀시 소령은 부하들이 죽어 가는 것을 지켜볼 수밖에 없었어요.

그러다 휘틀시 소령의 마음속에 마지막 희망이 피어올랐어요. 바로 비둘기였지요. 휘틀시 소령은 훈련받은 비둘기 '셰르 아미'의 다리에 작은 깡통을 매달고 구조를 요청하는 편지를 넣어 날려 보냈어요. 하늘로 날아오른 비둘기를 본 독일군은 총을 쏘아 대기 시작했어요. 총알을 맞은 셰르 아미는 심각한 상처를 입었지요.

하지만 셰르 아미는 계속해서 날아갔어요. 총탄이 오가는 위험한 길을 뚫고 20분 만에 목적지에 도착한 거예요. 편지를 받은 미국 군대는 포격을 멈추고 휘틀시 소령이 있는 곳으로 구조대를 보냈어요. 셰르 아미 덕분에 휘틀시 소령과 그의 부하들은 목숨을 구할 수 있었지요.

셰르 아미의 활약에 감동한 사람들은 이 이야기를 책과 영화 등으로 만들었고 셰르 아미를 영웅으로 대접했답니다.

2단계 **자세히 신문 읽기**

**나는야 세상 이야기를 들으면 신이 나는 신문 병아리 신아리**

## 즐거운 OX 퀴즈 시간! 기사를 잘 읽었다면 맞힐 수 있을 거야.

1. 제1 차 세계 대전 당시, 미국과 독일은 전투를 벌였어요.

2. 휘틀시 소령은 까치인 '셰르 아미'의 다리에 깡통을 매달고 편지를 넣어 구조 요청을 보냈어요.

3. 셰르 아미는 총탄이 오가는 위험한 길을 뚫고 20분 만에 목적지에 도착했어요.

•••••• 정답 182쪽

**아리는 하고 싶은 말이 너무 많아**

## 비둘기 또또가 하늘나라에 있는 셰르 아미에게 편지를 전해 주기로 했어. 셰르 아미에게 하고 싶은 말을 적어 봐.

## 3단계 놀면서 생각 쓰기

 **아리아리 신아리랑 색깔로 표현해 보자 무지개 쪽지**
### 셰르 아미를 생각하면 떠오르는 색깔을 골라 봐.

#### '무지개 쪽지'란?

주제에 어울리는 색깔을 고르고, 왜 그 색깔을 골랐는지 적어 보는 거야.

아리는 셰르 아미의 이야기를 들었을 때 빨간색이 떠올랐어.
희망이 사라져 가던 순간에 셰르 아미가 편지 배달에 성공했잖아.
드디어 휘틀시 소령의 마음을 전달했다고 생각하니 빨간 하트가 생각 났어.

너는 어떤 색이 떠오르니?

4단계 **잠깐 쉬어 가기**

아리와 함께 키우는 말랑말랑 뇌 근육! 숨은 그림 찾기

# 아리가 공원에서 비둘기 셰르 아미를 찾고 있어. 공원 곳곳에 숨은 셰르 아미를 찾아서 ○ 해 보자(5개).

········ ● 정답 182쪽

← 비둘기 셰르 아미는 이렇게 생겼어.

2주차
DAY 4. 과학

월    일

# 반려견과 대화할 수 있을까?

ⓒ getty images bank

**신아리의
오늘의 단어**

## 배변

: 대변을 몸 밖으로
내보낸다는 뜻이에요.

예) 야채를 안 먹어서
변비에 걸렸더니
**배변**이 너무 힘들어요.

    반려견과 대화를 나눌 수 있다면 얼마나 신날까요? 반려견이 사람의 말을 알아듣고 생각을 말할 수 있다면 더 깊은 우정을 나눌 수 있을 거예요. 그런데 실제로 반려견들이 단어 버튼을 사용해 생각을 표현할 수 있다는 논문이 발표되어 화제예요.
    미국 캘리포니아 대학의 한 연구팀은 21개월 동안 152마리의 반려견이 단어 버튼을 사용하는 모습을 관찰했어요. 단어 버튼은 버튼을 누르면 '바깥', '간식', '**배변**'과 같은 소리가 나도록 만들어진 장치예요.
    연구 결과, 개들은 버튼을 아무렇게나 누르는 것이 아니라 '바깥'과 '배변'이라는 두 단어를 연달아 누르는 방식으로 의사소통을 시도했어요. 또한 개 한 마리가 21개월 동안 버튼을 누른 날은 평균 98일이었고, 하루 평균 약 11번 버튼을 누르며 자신이 원하는 것을 표현했다는 사실이 밝혀졌어요.
    이 연구는 개들이 단순히 인간의 말을 흉내 내는 것이 아니라 단어의 의미를 명확하게 이해하고 생각을 밝힌다는 것을 말해 주고 있어요.
    단어 버튼처럼 반려견과 대화를 나눌 수 있는 기술이 발달한다면 언젠가 반려견이 우리에게 "사랑해!"라고 말하며 감동을 줄지도 몰라요. 정말 그런 날이 온다면 행복하겠죠?

단어 버튼을 이용해
반려견에게 꼭 전하고 싶은 말이 있니?

주인과 소통하는
귀여운 반려견의 모습을
영상을 통해 살펴보아요.

2단계 **자세히 신문 읽기**

나는야 세상 이야기를 들으면 신이 나는 신문 병아리 신아리

**사진을 보고 강아지가 무슨 말을 할 것 같은지 상상해서 적어 봐.**

## 3단계 놀면서 생각 쓰기

아리아리 신아리랑 신나게 놀아 보자 **키득키득 상상 공장**

## 엉뚱해도 좋아. 상상력을 뭉게뭉게 부풀려 봐.

### '키득키득 상상 공장'이란?

현실에서는 일어날 수 없는 일을 마음껏 상상해서 글을 써 보는 거야.

---

갑자기 우리 가족의 반려견이 되어 버린 나! 앞으로 어떤 일이 펼쳐질까?

---

내가 키우고 싶었던 반려견이 우리 집 앞에 찾아와서 인사를 건넸어.
나는 어떤 말을 할까?

---

반려견과 말할 수 있는 특별한 능력이 생겼어.
이 능력을 가진 사람은 지구에서 나뿐이야. 나에게 어떤 일이 벌어질까?

4단계 **나도 신문 기자**

**아리와 함께 후루룩 신문 일기 쓰기**

우리 이제 신문 일기를 써 볼까?
'키득키득 상상 공장'에 적은 내용을 활용해도 좋아.

제목:

월    일    요일

 **일기 쓰기를 도와주는 아리의 질문**

- 기사를 읽기 전, 기사 사진과 제목을 보고 어떤 생각이 들었어?
- 동물과 마음이나 생각이 통한다고 느꼈던 경험이 있니?
- 반려견과 관련된 재미있는 상상을 해 본 적이 있어?

57

# 심해에서 온 방문객
# '종말의 날 물고기' 산갈치

ⓒ getty images bank

**신아리의 오늘의 단어**

## 전조

: 어떤 일이 생길 기미를 뜻하는 말이에요.

예) 누나의 매서운 눈빛은 잔소리 폭풍의 전조예요.

'습성'도 찾아봐야지.

바다의 가장 깊은 곳에는 어떤 생물이 살고 있을까요? 햇빛조차 닿지 않는 미지의 세계인 심해는 우리가 알지 못하는 신비로운 생명체들로 가득하답니다.

그런데 최근 미국 캘리포니아 해안에서 거대한 심해 물고기인 산갈치가 잇따라 발견돼 화제를 모으고 있어요. 산갈치는 보통 400~500m 깊이의 심해에서 살기 때문에 해변에서 발견되는 일은 매우 드물어요. 하지만 놀랍게도 2024년 8월부터 3개월 동안 캘리포니아 해변에서만 세 번이나 산갈치가 발견되었어요.

산갈치는 병들거나 죽음이 다가오는 등 곤경에 처하면 서식지를 떠나는 습성이 있어요. 그래서 일본에서는 산갈치가 해변에 나타나면 지진이나 쓰나미의 전조라는 전설이 내려오고 있지요. 실제로 2011년 동일본 대지진 전해에 일본 해안에서 대형 산갈치가 여러 차례 발견되기도 했고요.

이러한 이야기들 때문에 산갈치는 '종말의 날 물고기'라는 별명을 얻었어요. 하지만 과학자들은 산갈치와 지진은 직접적인 관련이 없다고 밝혔답니다.

캘리포니아 해변에서 산갈치가 연이어 발견된 이유에 대해 한 해양학 연구소는 해양 환경의 변화나 산갈치 수의 증가가 원인일 것이라고 추측했어요.

다이버들이 발견한 초대형 산갈치의 모습을 영상을 통해 만나 보아요.

## 2단계 자세히 신문 읽기

**나는야 세상 이야기를 들으면 신이 나는 신문 병아리 신아리**

흐린 글자를 따라 쓰고 '마치다'를 뜻하는 '종'이 들어 있는 단어를 찾아 ○ 해 봐(2개).

'마치다'라는 뜻을 가진 종 + '끝'이라는 뜻을 가진 말
= 계속된 일이나 현상의 맨 끝을 뜻하는 종말

종료       종이       종착역

종소리       종종거리다

······· 정답 182쪽

**아리는 궁금한 게 너무 많아**

어떤 일의 전조를 나타내는 그림이 있어.
그림을 보고 앞으로 무슨 일이 일어날지 예상해서 적어 봐.

배고픈 곰이 숲을 어슬렁거리고 있어요.

벌집에서 벌이 나오고 있어요.

## 3단계 놀면서 생각 쓰기

 **아리아리 신아리랑 솔직하게 이야기해 보자 속마음 인터뷰**

## 산갈치의 속마음을 상상해서 인터뷰해 보자.

> **'속마음 인터뷰'란?**
>
> 인터뷰 대상이 되었다고 상상하고 속마음을 솔직하게 말해 보는 거야.

 안녕하세요, 산갈치 씨. 당신은 심해에 살고 있다고 들었어요. 심해에 살면 어떤 기분인가요?

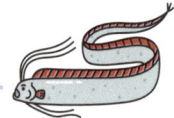

 '종말의 날 물고기'라는 별명에 대해 어떻게 생각하시나요?

 심해에 계속 머무르지 않고 해안가까지 올라오는 산갈치가 많아졌어요. 이유가 무엇이라고 생각하시나요?

4단계 **나도 신문 기자**

아리와 함께 후루룩 신문 일기 쓰기

**우리 이제 신문 일기를 써 볼까?
'속마음 인터뷰'에 적은 내용을 활용해도 좋아.**

제목:

월    일    요일

일기 쓰기를 도와주는 아리의 질문

- 심해에 사는 산갈치를 만난다면 어떤 이야기를 하고 싶어?
- 심해에는 산갈치 말고 또 어떤 생물이 살까? 심해와 관련된 책을 살펴봐도 좋아.
- 기사를 읽은 후, 산갈치에 대해 더 알고 싶은 점이 있어?

 2주차 DAY 6. 사회

월 일

# 바다의 부족
# 바자우족에게 닥친 위기

우리의 고향을 지켜 주세요!

© getty images Korea

**신아리의 오늘의 단어**

### 국경

: 나라와 나라의 영역을 가르는 경계를 뜻해요.

예 방학이 되면 국경을 건너 먼 나라로 여행 가고 싶어요.

바다에서 태어나 바다와 함께 살아가는 사람들이 있어요. 바로 바자우족이에요. 바자우족은 배처럼 떠다니는 집에서 살아요. 수영과 잠수도 매우 잘하지요. 어렸을 때부터 수영을 배우는 바자우족의 아이들은 성인이 되면 물속에서 최대 8분 동안 숨을 참을 수도 있어요.

그런데 바자우족이 큰 어려움에 빠졌어요. 말레이시아 정부가 바자우족의 집을 없애고 있거든요. 이유는 국경을 보호하고, 불법으로 말레이시아에 들어오는 것을 막기 위해서라고 해요.

바자우족은 수백 년 동안 바다에서 살아왔기 때문에 국적이 없는 사람들이 많아요. 그래서 육지로 가도 정식 국민으로 인정받지 못하고, 좋은 일자리를 얻기도 힘들어요. 신분증이 없어서 경찰이나 군인 같은 공무원이 되고 싶어도 꿈을 이룰 수 없지요.

말레이시아 정부는 바자우족이 생활할 수 있는 다른 장소를 준비했다고 말했어요. 하지만 바자우족과 충분한 이야기를 나누지 않고, 대부분의 과정이 강제로 진행되고 있어서 많은 사람이 걱정하고 있어요.

인권 단체들은 바자우족이 새로운 삶을 시작할 수 있도록 돕기 위해서는 먼저 이들의 목소리를 존중해야 한다고 말했어요. 바다에서 자유롭게 살아가던 바자우족에게 앞으로 어떤 상황이 펼쳐질지 사람들의 관심이 필요해요.

배 위에서 생활하는 바자우족의 모습이 궁금하다면 영상을 확인해 보아요.

2단계 **자세히 신문 읽기**

아리는 재밌는 걸 좋아해
## 설명에 따라 알맞은 그림을 그려 봐.

네가 상상한 바자우족의 모습을
자유롭게 그려 봐도 좋아!

① 바다 위에 멋진 배 한 척을 그려 보세요.

② 배에서 생활하는 바자우족 가족을 그려 보세요.

③ 바닷속으로 들어가 물고기를 잡는 바자우족 어린이를 한 명 그려 보세요.

④ 왼쪽 하늘에 무지개를 그려 보세요.

⑤ 오른쪽 하늘에 그림의 제목을 적어 보세요.

## 3단계 놀면서 생각 쓰기

아리아리 신아리랑 중요한 내용만 쏙쏙 줄어드는 마법 상자

## 기사에서 중요한 내용을 찾아서 요약해 보자.

### '줄어드는 마법 상자'란?

기사의 핵심 내용만 드러낼 수 있도록 기사를 간단하게 다시 써 보는 거야.

 아래 질문에 대한 답을 적다 보면, 저절로 기사 내용을 요약할 수 있을 거야!

- 바자우족은 어떤 특징을 가지고 있나요?
- 바자우족에게 어떤 어려움이 생겼나요?
- 말레이시아 정부의 입장은 어떤가요?
- 인권 단체들은 어떤 이야기를 했나요?

4단계 나도 신문 기자

아리와 함께 후루룩 신문 일기 쓰기

우리 이제 신문 일기를 써 볼까?
'줄어드는 마법 상자'에 적은 내용을 활용해도 좋아.

제목:

　　　　　　　　　　　　　　　　　월　　　일　　　요일

일기 쓰기를 도와주는 아리의 질문

- 집이 사라졌을 때 바자우족은 어떤 마음이었을까?
- 네가 만약 바자우족이라면 어떻게 행동했을 것 같아?
- 위기에 처한 바자우족을 도와주기 위해 어떤 일을 할 수 있을까?

# 뿌린 대로 거둔다

© getty images bank

### 신아리의 비슷한 속담

**콩 심은 데 콩 나고 팥 심은 데 팥 난다**
: 어떤 행동이든 그에 맞는 결과가 따름을 뜻하는 속담이에요.

**가는 말이 고와야 오는 말이 곱다**
: 상대방에게 말이나 행동을 좋게 해야 상대방도 나에게 좋게 한다는 뜻의 속담이에요.

2학년인 민서는 받아쓰기 시간이 가장 싫었어요. 원하는 점수를 받은 적이 한 번도 없었으니까요. 게다가 틀린 문제는 두 번씩 공책에 적어 내는 것이 숙제라서 받아쓰기 시험을 친 날이면 숙제하느라 정신이 없었어요.

엄마는 집에서 꾸준히 연습하면 좋은 점수를 받을 수 있을 거라고 조언해 주셨지만, 민서는 귀찮다는 이유로 연습을 하지 않았어요.

그리고 다음 받아쓰기 시간에 민서는 또 낮은 점수를 받았지요.

"왜 난 항상 이렇게 많이 틀릴까?"

민서는 투덜댔지만, 사실 연습을 제대로 하지 않았기 때문에 받아쓰기를 못한다는 것을 알고 있었어요.

그날부터 민서는 마음을 다잡고 받아쓰기 연습을 열심히 하기 시작했어요. 처음에는 힘들었지만 점점 틀리는 문제가 줄어드는 게 보였어요.

다시 돌아온 받아쓰기 시험 날, 민서는 연습한 대로 또박또박 글씨를 써 내려갔어요.

결과는 백 점! 선생님은 민서에게 이렇게 말씀하셨어요.

"민서야, 정말 잘했어. 네가 노력한 만큼 좋은 결과가 나온 거야. '뿌린 대로 거둔다.'라는 속담이 민서에게 딱 어울리는구나."

"뿌린 대로 거둔다."라는 속담은 행동한 대로 돌아온다는 것을 뜻하는 말이에요.

오늘 배운 속담을 영상을 통해 더 알아보아요.

## 2단계 자세히 신문 읽기

**나는야 세상 이야기를 들으면 신이 나는 신문 병아리 신아리**
**오늘 배운 속담을 따라 적어 보자.**

# 뿌린 대로 거둔다

뿌린 대로 거둔다

**아리는 하고 싶은 말이 너무 많아**
**"뿌린 대로 거둔다."라는 속담과 비슷한 경험이 있다면 적어 봐.**

손 글씨 대회에서 금상을 받았던 기억이 떠올라.
방학 동안 매일 글씨 연습을 했더니 좋은 결과가 있었어.

### 3단계 놀면서 생각 쓰기

 **아리아리 신아리랑 중요한 내용만 쏙쏙 내 손안의 신문**
## 기사에서 중요한 내용을 찾아서 요약해 보자.

> **'내 손안의 신문'이란?**
> 손에 적힌 질문에 답을 하면서 신문 내용을 요약해 보는 거야.

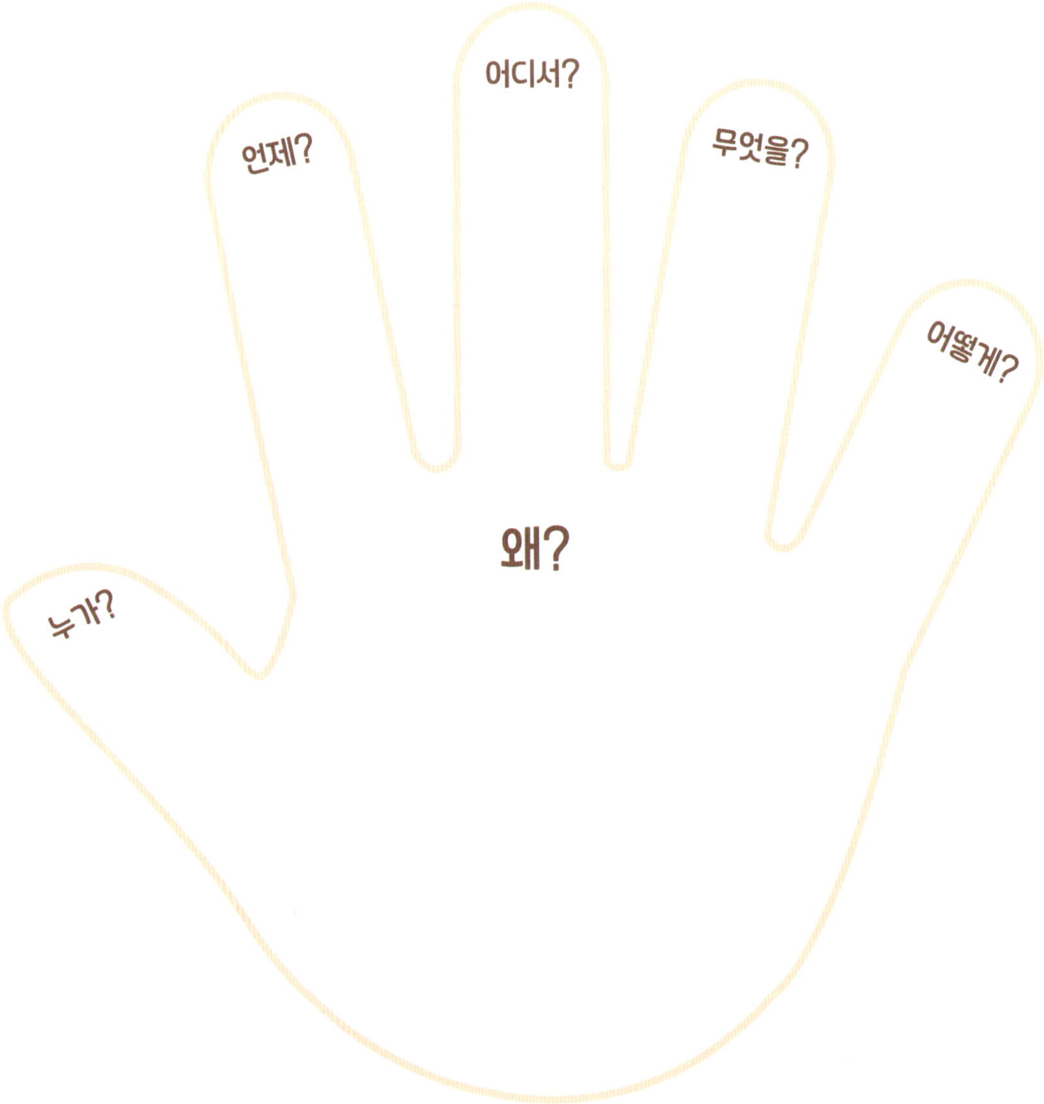

- 언제?
- 어디서?
- 무엇을?
- 어떻게?
- 누가?
- 왜?

# 4단계 잠깐 쉬어 가기

**집중력 쑥쑥! 아리와 함께 숨은 단어 찾기**

아리가 글자판에서 단어를 찾고 있어.
단어에 대한 설명을 읽고 글자판에서 찾아 O로 묶어 봐(8개).

| 노 | 원 | 연 | 피 | 국 | 산 | 책 | 곤 | 경 |
|---|---|---|---|---|---|---|---|---|
| 벨 | 바 | 병 | 습 | 적 | 아 | 름 | 답 | 다 |
| 상 | 반 | 건 | 설 | 유 | 돌 | 족 | 부 | 음 |
| 능 | 성 | 려 | 책 | 꽃 | 이 | 진 | 사 | 료 |
| 생 | 명 | 체 | 견 | 홍 | 햇 | 빛 | 하 | 랑 |
| 황 | 지 | 진 | 강 | 제 | 자 | 수 | 상 | 다 |
| 해 | 폐 | 과 | 학 | 누 | 부 | 대 | 네 | 려 |
| 변 | 계 | 하 | 별 | 신 | 심 | 화 | 존 | 숙 |
| 나 | 라 | 명 | 다 | 의 | 미 | 소 | 통 | 중 |

① **노벨상**
인류 복지에 기여한 사람에게 이 상을 줘요.
2024년, 한강 작가님은 노벨 문학상을 받았어요.

② **자부심**
자기 자신에 대해 스스로 그 가치나 능력을 믿고
당당히 여기는 마음을 뜻해요.

③ **돌진하다**
세찬 기세로 거침없이 곧장 나아가는 상황을 말해요.
미국의 휘틀시 소령은 독일군을 향해 용감하게 돌진했어요.

④ **황폐하다**
집이나 땅이 거칠어져 못 쓰게 된 상태를 뜻해요.

⑤ **반려견**
가족처럼 여기며 키우는 개를 이르는 말이에요.
반려견과 대화할 수 있다면 정말 좋겠죠?

⑥ **곤경**
어려운 형편이나 처지를 뜻하는 단어예요.
곤경에 처한 산갈치는 서식지를 떠나곤 해요.

⑦ **국적**
한 나라의 구성원이 되는 자격을 뜻해요.
바자우족 중에는 국적이 없는 사람들이 많아요.

⑧ **존중**
높이어 귀중하게 대하는 것을 말해요.

········ 정답 182쪽

# 나를 놀리는 친구
## 어떻게 해야 할까요?

### 신아리의 오늘의 단어

**장점**

: 좋거나 잘하는 점을 뜻하는 말이에요. 반대말은 '단점'이에요.

예) 나의 장점은 인사를 잘하는 거예요.

---

"유찬이는 내 동생보다 키가 작은 것 같은데?"

태훈이가 장난스럽게 말할 때마다 유찬이는 화가 났어요. "하지 마."라는 말을 진지하게 생각하지 않는 태훈이가 미웠지요.

잔뜩 화가 나서 집으로 돌아온 유찬이를 보자 엄마가 말씀하셨어요.

"유찬아, 상대방 눈을 똑바로 바라보면서 목소리에 힘을 줘서 말해 봐. 집에서 연습해 볼래?"

유찬이는 엄마가 말씀해 주신 것처럼 거울을 보며 하고 싶은 말을 연습했어요.

다음 날 급식 시간, 태훈이가 또 유찬이를 놀리기 시작했어요.

"꼬마 김유찬, 밥 많이 먹고 쑥쑥 크렴. 그래야 유치원생으로 오해 안 받지."

유찬이는 힘을 주어 또박또박 말했어요.

"박태훈! 나 놀리는 게 재미있어? 나는 진짜 기분 나빠. 너는 나보다 키가 크지만, 그렇다고 해서 나보다 더 나은 사람인 건 아니야. 우리 모두 다 다르게 생겼고, 각자 장점이 있는 거야."

유찬이의 말에 친구들이 웅성거렸어요.

"맞아. 유찬이는 우리 반에서 그림을 제일 잘 그리잖아."

태훈이는 어색하게 웃으며 말했어요.

"그냥 장난이었어…. 미안."

이제 태훈이는 더 이상 유찬이를 놀리지 않아요. 유찬이는 이번 경험을 통해 깨달았어요.

'키가 작아도 괜찮아. 나는 나를 지킬 수 있는 용기가 있고, 나만의 장점도 있으니까. 앞으로도 하고 싶은 말은 당당하게 표현할 거야.'

오늘 신문 기사는 한 친구가 실제로 겪었던 일들을 바탕으로 쓰여진 거야.

2단계 **자세히 신문 읽기**

나는야 세상 이야기를 들으면 신이 나는 신문 병아리 신아리

지금 너의 마음은 어때? 아리랑 마음 공부 해 보자.

# 후련하다

: 답답하거나 갑갑하던 것이 풀려 마음이 시원하다.

나를 놀리는 친구에게
당당하게 내 마음을 표현했더니
아주 후련해.

가슴이 후련했던 순간을 떠올려 봐.

엄마한테 서운한 감정을 솔직하게 털어놓았을 때

71

### 3단계 놀면서 생각 쓰기

**아리아리 신아리랑 마음 탐구 시작! 그래서 내 마음은…**
# 원인과 결과를 생각하며 주인공의 마음을 헤아려 보자.

**'그래서 내 마음은…'이란?**

기사 속 주인공에게 일어난 일을 살펴보고,
그 일로 인해 어떤 마음이 생겼는지 생각해 보는 거야.

### 유찬이에게 일어난 중요한 사건

### 유찬이의 마음

4단계 **나도 신문 기자**

**아리와 함께 후루룩 신문 일기 쓰기**

우리 이제 신문 일기를 써 볼까?
아리의 질문에 대한 답을 적어도 좋아.

제목:

　　　　　　　　　　　　　월　　　일　　요일

 **일기 쓰기를 도와주는 아리의 질문** ─ 이 질문에 대한 답을 연결해서 일기로 적어 보아도 좋아.

- 친구가 계속 나를 놀리면 어떤 기분이 들까?
- 만약 유찬이가 자신의 생각을 친구에게 또박또박 표현하지 않았다면 어떤 일이 생겼을까?
- 네가 만약 유찬이라면 어떻게 행동했을 것 같아?

3주차
DAY 2. 과학

월    일

# GMO 식물의 슈퍼파워!
## 그 속에 숨겨진 비밀

ⓒ getty images bank

 신아리의
**오늘의 단어**

### 해충

: 인간의 생활에 해를 끼치는 벌레를 뜻해요.

예 모기는 내 피를 빨아 먹는 나쁜 해충이야.

'작물'도 찾아봐야지.

　슈퍼파워를 가진 것처럼 보이는 식물이 있어요. 해충이 와도 끄떡없고, 강한 농약을 뿌려도 멀쩡하게 살아남는 식물이지요. 이 식물의 정체는 바로 GMO 식물이에요.

　GMO 식물은 자연 그대로의 식물이 아니에요. 해충으로 인한 피해를 줄이기 위해 의도적으로 유전자를 바꾼 식물이지요.

　사람이 먹는 음식을 GMO 식물로 만들기도 해요. 예를 들면 GMO 콩은 해충이 먹으면 죽도록 만들어졌고, GMO 옥수수는 해충을 없애는 강한 농약을 뿌려도 잘 자라도록 개발되었어요. 덕분에 농부들은 해충 걱정 없이 작물을 키울 수 있지요.

　하지만 GMO 식물에는 문제점이 있어요. 강한 농약을 뿌려도 식물이 죽지 않으니 무분별하게 더 많은 농약을 사용하게 되고, 이로 인해 토양과 물이 오염된다는 거예요. 또한 강한 농약 때문에 작은 곤충과 동물이 위험에 처할 수도 있어요. 농약이 남아 있는 음식을 사람이 먹으면 건강이 나빠질 수도 있고요.

　세계 곳곳에서는 GMO 식물이 환경과 건강에 어떤 영향을 미치는지 계속해서 연구하고 있어요. 이미 일부 나라는 GMO 식물 재배를 금지했지요.

　우리는 GMO 식물이 우리의 삶에 미치는 영향력에 대해 관심을 가져야 해요. 음식을 고를 때에는 GMO 표시를 확인하고, 가능한 한 자연 그대로의 식품을 선택하는 것도 좋은 방법이랍니다.

마트에서 'GMO' 또는 '유전자 변형'이라는 단어가 적혀 있는 식품을 찾아 봐!

2단계 **자세히 신문 읽기**

**나는야 세상 이야기를 들으면 신이 나는 신문 병아리 신아리**

흐린 글자를 따라 쓰고, '해롭다'를 뜻하는 '해'가 들어 있는 말을 찾아 ○ 해 보자(2개).

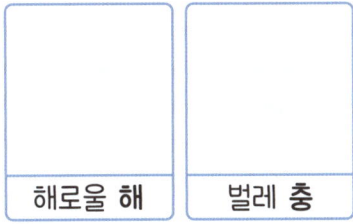

| 해로울 해 | 벌레 충 | 해로울 해 | 벌레 충 |

'해롭다'라는 뜻을 가진 **해** + '벌레'라는 뜻을 가진 **충** = 해로운 벌레 **해충**

피해        방해        해결하다

해바라기        해수욕장

········• 정답 182쪽

**아리는 하고 싶은 말이 너무 많아**

GMO 식물에 대한 너의 생각을 적어 봐.

유전자를 바꿔서 강하게 만든 식물이라니, 정말 놀라워!
하지만 조금 무섭게 느껴지기도 해.

3단계 놀면서 생각 쓰기

 아리아리 신아리랑 재미있게 어휘 공부하자 똑똑 단어 카드
## 세상에 오직 하나, 나만의 단어 카드를 만들어 봐.

### '똑똑 단어 카드'란?

기사의 내용에서 중요한 단어를 고르고,
그림을 그리고 단어가 들어간 문장도 적어 카드로 만드는 거야.

### GMO 식물

 GMO 식물은 사람이 일부러 유전자를 바꾼 식물이에요.

4단계 **나도 신문 기자**

**아리와 함께 후루룩 신문 일기 쓰기**

우리 이제 신문 일기를 써 볼까?
'똑똑 단어 카드'에 적은 내용을 활용해도 좋아.

제목:

　　　　　　　　　　　　　　　　월　　　일　　　요일

 **일기 쓰기를 도와주는 아리의 질문**

- GMO 식물을 한 문장으로 설명한다면 뭐라고 표현하고 싶어?
- GMO 식물에 대해 알게 되었을 때 어떤 생각이 들었어?
- 기사를 읽은 후, 더 알고 싶은 점이 있어?

77

3주차
DAY 3. 속담

월    일

# 첫술에 배부르랴

열심히 연습하면 나도 잘할 수 있어!

ⓒ getty images bank

신아리의
**비슷한 속담**

**천 리 길도 한 걸음부터**
: 무슨 일이든 시작이 중요하며 작은 일이 쌓여 큰 성과를 이루게 된다는 뜻이에요.

초등학교 2학년 지민이는 피아노를 배우기 시작했어요. 친구들이 멋지게 피아노를 연주하는 모습을 보고 '나도 피아노를 잘 치고 싶어.'라고 생각했거든요.

하지만 피아노 학원에 다닌 지 한 달이 지나도 실력은 제자리걸음인 것 같았어요. 다른 친구들처럼 아름답게 연주하고 싶었지만, 손가락이 자꾸 엉뚱한 곳을 눌렀어요. 다 똑같아 보이는 음표를 구분하고 악보를 정확하게 읽는 것도 힘들었지요.

지민이는 풀이 죽은 채 한숨을 쉬었어요.

"다른 친구들은 잘만 치는데…. 난 피아노에 소질이 없나 봐. 그냥 포기할까?"

속상해하는 지민이를 보며 엄마가 말했어요.

"지민아, '첫술에 배부르랴.'라는 말이 있어. 밥 한 숟가락 먹는다고 해서 바로 배가 부르지 않은 것처럼, 어떤 일이든지 단번에 만족할 수 없다는 뜻을 가진 속담이야. 끝까지 포기하지 않고 꾸준히 연습하면 언젠가 멋지게 칠 수 있을 거야."

지민이는 엄마의 말을 귀담아 듣고 매일 피아노 연습을 했어요. 처음엔 서툴렀지만, 손가락도 점점 피아노에 익숙해지는 것 같았어요.

어느덧 피아노를 치기 시작한 지 일 년이 지났어요. 지민이는 제일 좋아하는 노래를 피아노로 칠 수 있을 만큼 실력이 늘었답니다.

"엄마! 이 노래를 제가 피아노로 연주해 볼게요. 한번 들어 보세요."

엄마 앞에서 멋지게 피아노 연주를 한 지민이는 피아니스트가 된 것 같은 기분이 들었어요.

2단계 **자세히 신문 읽기**

**나는야 세상 이야기를 들으면 신이 나는 신문 병아리 신아리**
오늘 배운 속담을 따라 적어 보자.

# 첫술에 배부르랴

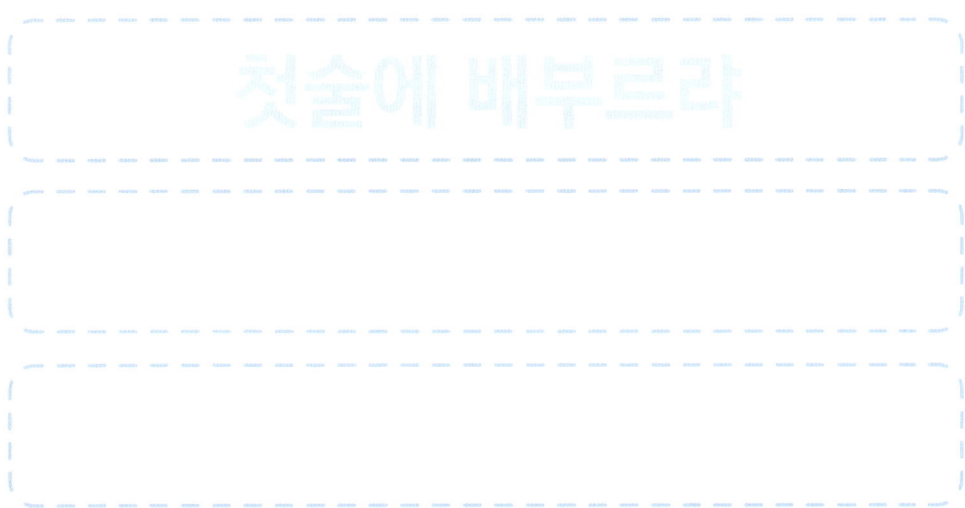

**아리는 하고 싶은 말이 너무 많아**
"첫술에 배부르랴."라는 속담을 들었을 때 떠오르는 기억이 있다면 적어 봐.

처음으로 줄넘기를 했던 날이 떠올라.
딱 하루 연습해 놓고 "나는 왜 줄넘기를 못하는 거야?"라고 실망했어.

### 3단계 놀면서 생각 쓰기

 아리아리 신아리랑 마음껏 상상해 보자 **마음 식당 메뉴판**
## 마음을 파는 식당이 있다면 어떤 음식을 팔까?

**'마음 식당 메뉴판'이란?**
내가 갖고 싶은 마음을 상상해 보고, 그 마음에 어울리는 음식 이름과 설명을 쓰는 거야.

★ **마음 식당** 메뉴판 ★

**쫀득쫀득 찹쌀떡**
계속 시도해 보는 대신 바로 포기하고 싶은 날,
끝까지 노력하게 해 주는 특별한 찹쌀떡

4단계 **나도 신문 기자**

**아리와 함께 후루룩 신문 일기 쓰기**
우리 이제 신문 일기를 써 볼까?
'마음 식당 메뉴판'에 적은 내용을 활용해도 좋아.

제목:

월    일    요일

 **일기 쓰기를 도와주는 아리의 질문**

✏ 한두 번 시도해 보고 잘 안된다며 포기했던 경험이 있니?

✏ 처음에는 잘 못했지만, 꾸준히 노력해서 잘하게 된 일이 있어?

✏ 마음 식당에서 마음을 더 살 수 있다면, 어떤 마음을 사고 싶어? 그 이유도 알려 줘.

3주차
DAY 4. 과학

월    일

# 피터 팬 도롱뇽
# 아홀로틀

영원히 어릴 때 모습으로 살 거야!

ⓒ getty images bank

**신아리의 오늘의 단어**

## 재생

: 죽게 되었다가 다시 살아난다는 뜻이에요.

예) 상처 난 부분의 피부가 빨리 재생되면 좋겠어요.

　연한 핑크빛 피부, 미소 짓는 듯한 표정, 머리 양옆의 하늘하늘한 아가미, 자그마한 손과 발. 마치 동화에 나올 것처럼 신비롭고 귀여운 외모를 가진 이 생명체의 정체는 바로 아홀로틀이라고 불리는 도롱뇽이에요. 우리나라에는 '우파루파'라는 이름으로 더 잘 알려져 있답니다.

　아홀로틀은 '피터 팬 도롱뇽'이라는 별명을 가지고 있어요. 어른이 되기 싫어 어린이의 모습으로 살아가던 피터 팬처럼, 다 자란 후에도 어릴 때의 모습을 유지하기 때문이에요. 그래서 아홀로틀은 다른 도롱뇽들과는 달리 어른이 된 후에도 아가미를 지닌 채 물속에서 산답니다.

　아홀로틀에게는 놀라운 능력이 또 있어요. 다친 신체 부위를 다시 자라게 하는 능력이지요. 다리나 꼬리뿐만 아니라 뇌와 심장 같은 장기까지도 다시 자라게 할 수 있어요. 피부, 뼈, 근육, 신경 같은 미세한 부분도 완벽하게 재생된답니다.

　사실 아홀로틀은 멸종 위기종이에요. 실험용, 애완용이 아닌 야생 개체는 대부분 멕시코 소치밀코 호수에서 살고 있어요.

　멕시코 생태학자들은 멸종 위기에 처한 아홀로틀을 지키기 위해 지난 2023년부터 '아홀로틀 가상 입양 캠페인'을 벌이는 중이에요. 기부금을 내면 누구든 아홀로틀을 가상으로 입양할 수 있고, 인터넷에서 언제든 내 아홀로틀의 건강 상태를 확인할 수 있어요. 기부금은 아홀로틀의 서식지를 지키는 데 쓰인답니다.

물속에서 헤엄치는 귀여운 아홀로틀을 영상으로 만나 보아요.

**2단계 자세히 신문 읽기**

나는야 세상 이야기를 들으면 신이 나는 신문 병아리 신아리

## 아홀로틀을 실제로 만난다면 어떨까?
## 아홀로틀과 만나는 상상을 해 보고 빈칸을 채워 봐.

아홀로틀의 모습을 그려 봐!

예) 아홀로틀은 __눈이__ 동글동글해요.

1. 아홀로틀은 _____ 이(가) 핑크색이에요.

2. 아홀로틀은 _____ 이(가) 있어요.

3. 아홀로틀은 _____ 이(가) 자그마해요.

4. 아홀로틀은 _____ 이(가) 귀여워요.

아리가 가장 좋아하는 끝말잇기 시간

## 기사에 나온 낱말의 마지막 글자를 시작으로 끝말잇기를 해 보자.

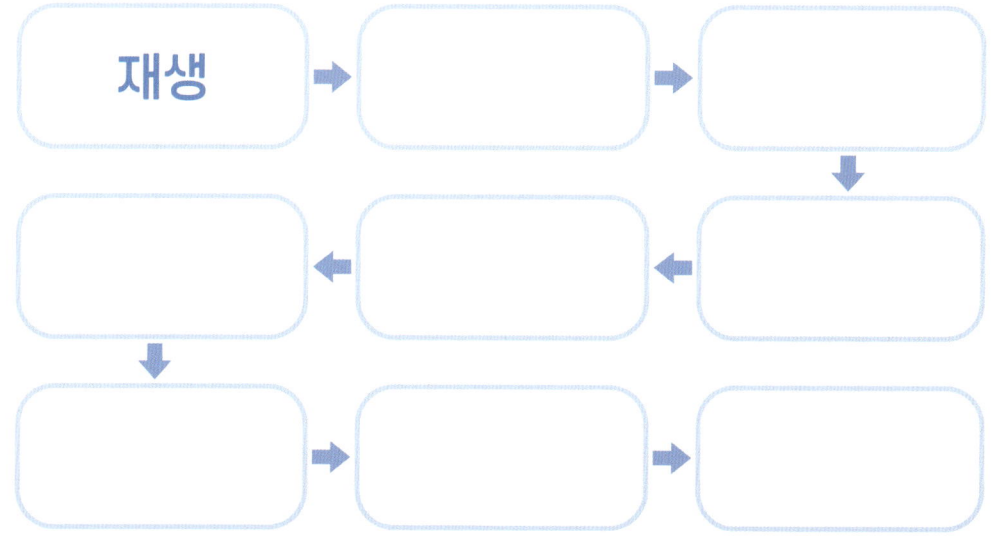

재생

## 3단계 놀면서 생각 쓰기

**아리아리 신아리랑 두근두근 진실 게임 진실 혹은 거짓**
### 진실 사이에 거짓 숨겨 놓기! 거짓은 무엇?

**'진실 혹은 거짓'이란?**

기사 내용을 참고해서 사실인 문장 3개와 거짓인 문장 1개를 만들어 봐.
그리고 가족 중 한 명에게 거짓인 문장을 찾아 보라고 하는 거야.
과연 찾을 수 있을까?

'아홀로틀은 어른이 된 후에도 어릴 때의 모습을 유지해요.'
아리아리 신아리가 만든 문장은 진실 혹은 거짓?

4단계 **잠깐 쉬어 가기**

**아리와 함께 콩닥콩닥 집 찾기**

바다 아파트로 이사를 한 아홀로틀이 새집 주소를 까먹었대.
다음 힌트를 읽고 아홀로틀이 몇 호로 가야 할지 적어 봐.

힌트①     바다 아파트에는 총 8마리의 생물들이 살고 있어요.

힌트②     103호에는 아무도 살지 않아요.

힌트③     해마의 위층 집인 301호에 사는 해파리는 바다를 헤엄치고 있어요.

힌트④     불가사리의 왼쪽 집에 사는 게는 잠시 외출 중이에요.

힌트⑤     302호에 사는 구피는 잠깐 먹이를 찾아 떠났어요.

정답! 아홀로틀은 ☐ 호에 가면 돼.

정답 182쪽

3주차
DAY 5. 사회

월    일

# 쭉쭉 오르는 금값
## 도대체 왜?

ⓒ getty images bank

**신아리의 오늘의 단어**

### 한정적

: 수량이나 범위를 제한하여 정하는 것을 뜻해요.

예 시간은 한정적이기 때문에 소중히 사용해야 해요.

'자원'도 찾아봐야지.

요즘 금값이 계속 오르고 있어요. 2024년 2월, 37만 원이던 금 한 돈(3.75g)의 가격이 1년 만인 2025년 2월에 들어서는 60만 원을 넘겼어요. 이렇게 금값이 치솟는 이유는 무엇일까요?

금은 땅속에서 캐내야 하는데, 캐낼 수 있는 양이 한정적이에요. 그래서 원래부터 값비싼 자원이었지요. 그런데 최근에 금을 사고 싶어 하는 사람들이 많아지면서 금값이 더욱 오르는 거예요.

금이 이렇게 인기가 많은 이유는 전 세계 어디에서나 똑같은 가치를 인정받기 때문이에요. 우리나라의 만 원짜리 지폐를 다른 나라에 가져가면 우리나라에서 사용할 때와 같은 가치를 인정받지 못해요. 하지만 금은 어디에서나 똑같은 가치를 가진답니다.

또한 시간이 지나도 썩거나 망가지지 않기 때문에, 경제가 불안할 때 사람들은 금을 사려고 해요. 경제가 불안하다는 것은 '물건 가격은 점점 오르는데 월급은 그대로여서 생활이 어려워지는 상황' 또는 '가게는 장사가 잘 안되고, 회사는 돈을 많이 못 벌어서 사람들의 일자리가 줄어드는 상황' 등을 말해요.

요즘 세계 경제가 불안해지면서 금을 찾는 사람들이 더욱 많아졌어요. 개인뿐만 아니라 나라 차원에서도 금을 사들이고 있지요.

이처럼 금값은 경제 상황과 사람들의 심리를 보여 주기도 한답니다.

금값이 치솟으면서 '사금 캐기'에 관심 갖는 사람들이 많아졌어요. 영상을 통해 확인해 보아요.

**2단계 자세히 신문 읽기**

나는야 세상 이야기를 들으면 신이 나는 신문 병아리 신아리

## 만약 금이 많다면 무엇을 하고 싶어? 자유롭게 상상해 보고 적어 봐.

아리는 금으로 만든 멋진 왕관을 쓰고 싶어!

헤헤 못 맞힐걸?

## 설명을 읽고 어떤 낱말인지 맞혀 봐.

힌트! 기사에 있는 낱말이야.

금의 가격을 뜻하는 말

종이를 인쇄하여 만든 화폐

사물이 지니고 있는 쓸모를 이르는 말

● 정답 182쪽

### 3단계 놀면서 생각 쓰기

아리아리 신아리랑 꼬리에 꼬리를 무는 신문 내용 정리 시간 꼬꼬신

## 신문 기사에서 중요한 내용을 떠올려 봐.

> **'꼬꼬신'이란?**
>
> 꼬리에 꼬리를 무는 신문, 꼬꼬신!
> 신문 기사의 내용을 차례대로 정리해 보는 거야.

파란색 부분만 바꿔서 써 봐.
멋진 문장을 만들 수 있어.

금값은 **이런 이유** 때문에
계속 오르고 있어요.

_____

_____

금은 **이런 이유**로
인기가 많아요.

_____

_____

세계 경제가 **이럴 때**는
금을 찾는 사람들이 많아져요.

_____

_____

4단계 **나도 신문 기자**

**아리와 함께 후루룩 신문 일기 쓰기**

**우리 이제 신문 일기를 써 볼까?
'꼬꼬신'에 적은 내용을 활용해도 좋아.**

제목:

월    일    요일

**일기 쓰기를 도와주는 아리의 질문**

- 기사 제목을 봤을 때 어떤 생각을 했어?
- 금값이 오르는 현상을 알게 된 후 어떤 생각이 들었어?
- 기사를 읽은 후, 금과 경제에 대해 더 알아보고 싶은 점이 있니?

3주차
DAY 6. 사회

월　　　일

# 친구야, 제발 일어나 봐!
## 코끼리의 작별 인사

제니야, 잘 가.

ⓒ getty images bank

**신아리의
오늘의 단어**

### 은퇴

: 하던 일을 그만두고 물러나거나 사회 활동에서 손을 떼고 한가히 지내는 것을 뜻해요.

예 할머니는 은퇴 후 시골로 이사 가셨어요.

　우크라이나 사파리 공원에 사는 코끼리인 제니와 막다는 단짝 친구예요. 둘은 25년 동안 함께 서커스 공연을 했지요. 서커스단에서 은퇴한 후에도 둘은 사파리 공원에 함께 살며 늘 붙어 다녔답니다.
　하지만 몇 달 전 제니가 병으로 쓰러져 세상을 떠났어요. 막다는 몇 시간 동안 제니 곁을 떠나지 못하며 머리와 발로 제니를 일으키려 애썼어요. 움직이지 않는 제니를 코로 쓰다듬으며 계속 깨우기도 했지요.
　제니가 끝내 깨어나지 않자, 막다는 자신의 코를 제니의 몸에 살며시 얹고 오랫동안 제니의 곁을 지켰어요. 사람들은 그 모습을 보며 조용히 눈물을 흘렸지요.
　코끼리는 사람처럼 가족이나 친구의 죽음을 알고 슬퍼하는 동물이에요. 실제로 코끼리는 죽은 친구 위에 풀이나 나뭇가지를 덮어 주기도 하고, 막다처럼 죽은 코끼리의 곁을 오랫동안 지켜 주기도 해요.
　2020년 케냐에서는 엄마 코끼리가 죽자 새끼 코끼리가 눈물을 흘리며 오랫동안 그 자리를 떠나지 않은 일도 있었어요. 인도에서는 새끼를 잃은 코끼리 무리가 땅에 죽은 새끼를 묻고 큰 소리로 울기도 했지요.
　막다와 제니의 소식은 코끼리도 우리처럼 마음이 있고, 슬픔을 느낄 수 있다는 사실을 생생히 보여 주고 있어요.

제니와 작별 인사를 하는 코끼리 막다의 모습을 영상을 통해 만나 보아요.

2단계 **자세히 신문 읽기**

**나는야 세상 이야기를 들으면 신이 나는 신문 병아리 신아리**
### 재미있는 수수께끼 시간! 질문을 읽고 알맞은 답을 골라 봐.

1. 제니와 막다는 어떤 사이?   　　　가족　　　친구

2. 제니와 막다가 사는 곳은?   　우크라이나 사파리 공원　　탄자니아 세렝게티

3. 코끼리가 죽은 친구 위에 덮어 주는 것은?   　풀이나 나뭇가지　　딱딱한 돌

······● 정답 182쪽

**아리는 하고 싶은 말이 너무 많아**
### 막다는 세상을 떠난 제니 곁에서 어떤 생각을 했을까?

# 3단계 놀면서 생각 쓰기

 **아리아리 신아리랑 마음껏 상상해 보자 변화하는 표정 놀이**
## 막다는 상황에 따라 어떤 표정을 지었을까?

> **'변화하는 표정 놀이'란?**
> 상황에 맞는 표정을 그려 보고, 그 표정을 지으며 어떤 말을 했을지 적어 보는 거야.

· 제니와 신나게 놀 때 막다

> 제니야! 우리 서커스 할 때 기억나?
> 그땐 우리 둘 다 어려서 장난꾸러기였잖아.
> 그때부터 지금까지 너랑 재미있게 놀 수 있어서
> 정말 좋아. 우리 오늘은 무슨 놀이 할까?

· 움직이지 않는 제니를 발견한 막다

· 제니가 죽었다는 사실을 깨달은 막다

4단계 **나도 신문 기자**

**아리와 함께 후루룩 신문 일기 쓰기**

우리 이제 신문 일기를 써 볼까?
'변화하는 표정 놀이'에 적은 내용을 활용해도 좋아.

제목:

월    일    요일

 **일기 쓰기를 도와주는 아리의 질문**

- 기사를 읽기 전, 기사 사진과 제목을 보고 어떤 생각을 했니?
- 네가 만약 제니라면 하늘나라에서 막다에게 어떤 말을 해 주고 싶어?
- 기사를 읽고 코끼리에 대해 더 궁금한 점이 있어?

# 멕시코의 유리 천장을 깬
# 셰인바움 대통령

ⓒ getty images Korea

말풍선: 멕시코의 더 나은 미래를 위하여!

**신아리의 오늘의 단어**

## 비주류

: 중심에서 벗어난 흐름이나 경향을 말해요.

예) 나는 인기 많은 캐릭터보다 비주류 캐릭터를 좋아해.

'냉철'도 찾아봐야지.

유리처럼 보이지 않는 천장, 깨트리고 싶어도 좀처럼 깰 수 없는 '유리 천장'에 대해 들어 본 적 있나요? 충분한 능력을 갖추었지만 여성이라는 이유로 또는 비주류 라는 이유로 높은 자리에 오르지 못하게 가로막는 장벽을 '유리 천장'이라고 해요. 아무리 실력이 있어도 끝내 높은 자리로 올라가지 못하는 현실을 이렇게 표현하지요.

그런데 최근 멕시코에서 유리 천장을 깬 사람이 나타났어요. 바로 멕시코 역사상 첫 여성 대통령인 클라우디아 셰인바움 대통령이에요.

과학자였던 셰인바움 대통령은 어려운 일도 침착하게 해결하는 차분하고 냉철한 성격으로 알려져 있어요.

최근에 무역과 관련해 미국과 멕시코 사이의 의견이 엇갈려 문제가 불거졌는데, 걱정과 달리 셰인바움 대통령은 침착하게 대화로 문제를 해결했어요. 성급하게 말하거나 화를 내지 않았고, 오히려 차분히 상황을 살피며 말 한마디 한마디를 신중하게 했답니다. 결국 미국과의 대화도 평화롭게 끝맺을 수 있었어요.

멕시코 사람들은 "셰인바움은 멕시코를 바꿀 새로운 리더!"라며 응원을 보내고 있어요. 그녀는 앞으로 폭력 없는 나라, 모두가 평등하게 살 수 있는 나라를 만들기 위해 힘쓸 계획이에요.

멕시코의 보이지 않던 유리 천장을 깬 셰인바움 대통령을 지금 전 세계가 주목하고 있어요.

취임식에서 연설을 하는 셰인바움 대통령을 영상을 통해 확인해 보아요.

**2단계 자세히 신문 읽기**

나는야 세상 이야기를 들으면 신이 나는 신문 병아리 신아리

## 신나는 선 잇기 시간! 질문에 알맞은 답을 찾아 선을 이어 봐.

① 셰인바움 대통령은 어느 나라의 대통령인가요?

★ 미국

★ 과학자

② 셰인바움 대통령은 원래 어떤 직업을 갖고 있었나요?

★ 멕시코

★ 선생님

········• 정답 183쪽

아리는 하고 싶은 말이 너무 많아

## 각자의 장점을 잘 생각해 보고, 빈칸에 적어 봐.

| 셰인바움 | 나 | 친구 |

차분하고 냉철해. 문제가 생겨도 침착하게 대화로 문제를 해결하는 능력이 뛰어나.

## 3단계 놀면서 생각 쓰기

**아리아리 신아리랑 꿈을 위해 노력하는 사람에게 선물하자 위대한 상장**

**멕시코의 유리 천장을 깬 셰인바움 대통령에게 상장을 수여해 보자.**

### '위대한 상장'이란?

멋진 일을 한 인물을 칭찬하는 상장을 직접 만들어 보는 거야.

# 상

셰인바움 대통령

어린이 대표

# 4단계 잠깐 쉬어 가기

**사고력 쑥쑥! 아리와 함께 알쏭달쏭 어휘 미로**

아리가 어휘 미로를 빠져나가려고 해.
<보기>를 읽고 해당 뜻을 가진 어휘를 찾아 미로를 탈출해 봐.

출발!

| 장점 | 농약 | 해충 | 식물 |
| 단점 | 연주 | 아가미 | 꼬리 |
| 일자리 | 입양 | 한정적 | 서커스 |
| 서식지 | 대통령 | 은퇴 | 유리 천장 |

〈보기〉

① 좋거나 잘하는 점을 뜻하는 낱말이에요.
  누구에게나 각자 ○○이 있어요.

② 농작물에 해로운 벌레나 병균 등을 없애거나
  농작물이 잘 자라도록 도와주는 약품이에요.

③ 악기를 다루어 곡을 표현하거나
  들려주는 행위를 뜻해요.

④ 물속에 사는 동물이나 곤충, 특히 물고기와
  같은 어류에 발달한 호흡 기관을 말해요.
  아홀로틀도 이것을 가지고 있어요.

⑤ 수량이나 범위를 제한하여 정하는 것을 말해요.
  땅속에서 캐낼 수 있는 금의 양은 ○○○이에요.

⑥ 줄타기, 마술 등 묘기를 부리는 일을 뜻해요.
  코끼리 제니와 막다는 예전에 이 일을 했어요.

⑦ 여성이나 비주류의 사람들이 높은 자리에
  오르지 못하게 가로막는 장벽이에요.
  셰인바움은 이것을 깨고 멕시코의 첫 여성
  대통령이 되었어요.

•••••• 정답 183쪽

1단계 **신나는 신문 읽기**

4주차
DAY 1. 마음 돌봄

월    일

# 얼굴이 털로 뒤덮인 소년
## 나는 특별해!

있는 그대로의 내 모습이 좋아!

 신아리의
**오늘의 단어**

## 선천적

: 태어날 때부터 지니고 있는 것을 뜻해요.

예) 나는 **선천적**으로 건강해서 감기도 걸린 적이 없어.

　털이 얼굴에 빈틈없이 나 있다면 어떤 기분이 들까요? 인도의 18살 소년 파티다르는 얼굴의 95% 이상이 털로 뒤덮여 있어요. '늑대 인간 증후군'이라고 불리는 **선천적** 전신 다모증 때문이에요.

　파티다르가 처음 학교에 갔을 때 친구들은 그의 모습이 낯설어서 슬금슬금 피했어요. 파티다르를 무서워하기도 했지요. 하지만 함께 학교생활을 하며 파티다르와 점점 가까워진 친구들은 중요한 사실을 깨달았어요. 누군가는 키가 크고 누군가는 키가 작은 것처럼, 파티다르 또한 겉모습만 조금 다를 뿐이라는 걸요.

　파티다르는 자신의 얼굴을 약점으로 생각하지 않고 특별하게 받아들였어요. 최근에는 이탈리아의 모발 관리 전문가를 만나 정확한 털의 개수도 측정했답니다. 측정 결과, 파티다르의 얼굴엔 손톱 정도의 면적인 1cm²당 201.72개의 털이 나 있었어요. 이는 세계 신기록으로, 파티다르는 기네스북에도 이름을 올렸답니다.

　파티다르는 유튜브로 많은 사람에게 자신의 일상을 공유하고 있어요. 사람들이 털을 제거할 생각이 없냐고 물었지만, 파티다르는 "저는 제 모습이 마음에 들어요. 제 외모를 바꾸고 싶지 않아요."라고 당당하게 말했어요.

　우리는 모두 자신만의 독특함을 가지고 있어요. 남들과 다른 부분을 숨기려 하기보다 특별하다고 생각해 보세요. 특별한 내 모습을 더 많이 사랑할 수 있을 거예요.

파티다르의 실제 모습을 영상을 통해 만나 보아요.

2단계 **자세히 신문 읽기**

**나는야 세상 이야기를 들으면 신이 나는 신문 병아리 신아리**
## 나에게는 어떤 독특한 점이 있는지 적어 봐.

아리는 신문 읽는 병아리라는 점이 독특한 점이야.

**아리는 궁금한 게 너무 많아**
## 파티다르의 일기를 읽은 후, 틀린 단어에 X 하고 바르게 고쳐 봐(3개).

**7월 20일, 햇볕이 쨍쨍한 날**

미국 방송국에서 손님이 찾아왔다. 기네스북에 오른 네 모습을 보고 인터뷰를 하고 싶어서 온 것이었다. 나는 질문에 솔찍하게 대답했다. 나의 특별함을 알아봐 주고 내 이야기에 귀 기울이는 사람들이 많아져서 참 좋다. 모두 자신의 독특함을 자랑스럽개 여기며 살면 좋겠다.

① 

② 

③ 

•••••• 정답 183쪽

### 3단계 놀면서 생각 쓰기

**아리아리 신아리랑 색깔로 표현해 보자 무지개 쪽지**

## 얼굴이 털로 뒤덮인 소년, 파티다르를 생각하면 어떤 색깔이 떠올라?

### '무지개 쪽지'란?

주제에 어울리는 색깔을 고르고, 왜 그 색깔을 골랐는지 적어 보는 거야.

아리는 파티다르를 생각하면
햇살처럼 밝은 노란색이 떠올라.
털이 많이 나는 자기 모습을
특별하다고 여기는 모습이
햇살처럼 환하게 느껴졌거든.
파티다르는 사람들에게 자기 모습을
사랑하는 방법을 알려 주는
햇살 같은 사람이야.

4단계 **나도 신문 기자**

**아리와 함께 후루룩 신문 일기 쓰기**
우리 이제 신문 일기를 써 볼까?
'무지개 쪽지'에 적은 내용을 활용해도 좋아.

제목: 

　　　　　　　　　　　　　　　　월　　　일　　요일

 **일기 쓰기를 도와주는 아리의 질문** ＜ 이 질문에 대한 답을 연결해서 일기로 적어 보아도 좋아.

✏ 기사를 읽기 전, 사진만 봤을 때 파티다르에 대해 어떤 마음이 들었어?
✏ 우리 반에 파티다르가 전학 온다면 어떻게 행동할 것 같니?
✏ 파티다르를 인터뷰한다면 어떤 질문을 하고 싶어?

# 도널드 트럼프
## 제47대 미국 대통령

ⓒ Wikimedia Commons

**신아리의 오늘의 단어**

### 당선

: 선거에서 뽑히는 것을 말해요.

예) 형이 학생회장으로 **당선**되었어요.

"내가 만약 대통령이 되면 마을마다 아주 특별한 놀이터를 만들 거야."

대통령이 되어 꿈꾸는 세상을 만드는 상상, 한 번쯤은 해 봤을 거예요. 그런데 어떻게 해야 대통령이 될 수 있을까요? 민주주의 국가에서 대통령은 선거를 통해 가장 많은 표를 얻어야 **당선**될 수 있어요.

2024년 11월, 미국에서 제47대 대통령 선거가 있었어요. 공화당 후보인 도널드 트럼프 전 대통령이 민주당 후보인 카멀라 해리스 부통령을 이기고 다시 한번 미국 대통령으로 당선되었지요.

2017년 1월 20일부터 4년 동안 제45대 미국 대통령을 지냈던 그는 제46대 대통령에도 도전하였으나 실패했어요. 하지만 곧바로 제47대 대통령 선거에 재도전했고, 대통령직을 다시 맡게 되었지요.

우리나라는 같은 사람이 대통령을 다시 하는 것을 금지하고 있지만, 미국은 대통령직을 최대 두 번까지 맡을 수 있어요.

도널드 트럼프 대통령은 "미국을 다시 위대하게!"라는 구호를 외치며 미국의 모든 것을 고치겠다고 말했어요. 그는 다른 나라의 문제에 관심을 줄이고, 미국 국민부터 챙기겠다는 '미국 우선주의' 공약을 내세우고 있어요.

이러한 도널드 트럼프 대통령의 생각이 앞으로 전 세계에 어떤 영향을 줄지 많은 사람이 주목하고 있어요.

대통령 선거에 출마한다면 어떤 공약을 세울지 생각해 볼까?

2단계 **자세히 신문 읽기**

나는야 세상 이야기를 들으면 신이 나는 신문 병아리 신아리
**즐거운 OX 퀴즈 시간! 기사를 잘 읽었다면 맞힐 수 있을 거야.**

1. 도널드 트럼프 대통령은 이전에도 미국 대통령으로 일했던 적이 있어요.

2. 도널드 트럼프 대통령은 다른 나라의 문제에 관심을 기울이고, 미국뿐만 아니라 다른 나라도 잘 챙기겠다고 약속했어요.

3. 우리나라는 같은 사람이 대통령을 최대 두 번까지 할 수 있어요.

········● 정답 183쪽

아리는 하고 싶은 말이 너무 많아
**우리나라에서는 왜 대통령을 여러 번 할 수 없을까?
너의 생각을 말해 줘.**

계속 높은 자리에 있다 보면 욕심이 생길 수도 있어서 금지한 것 같아.

한 사람이 계속 대통령을 하게 되면 독재 정치가 일어날 수 있어서 법으로 정해 놓은 거야.

대통령이 바뀌어야 정책도 달라질 수 있어서 그런 거 아닐까?

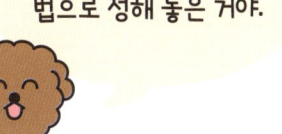

3단계 **놀면서 생각 쓰기**

 아리아리 신아리랑 중요한 내용만 쏙쏙 **내 손안의 신문**

## 기사에서 중요한 내용을 찾아서 요약해 보자.

'내 손안의 신문'이란?

손에 적힌 질문에 답을 하면서 신문 내용을 요약해 보는 거야.

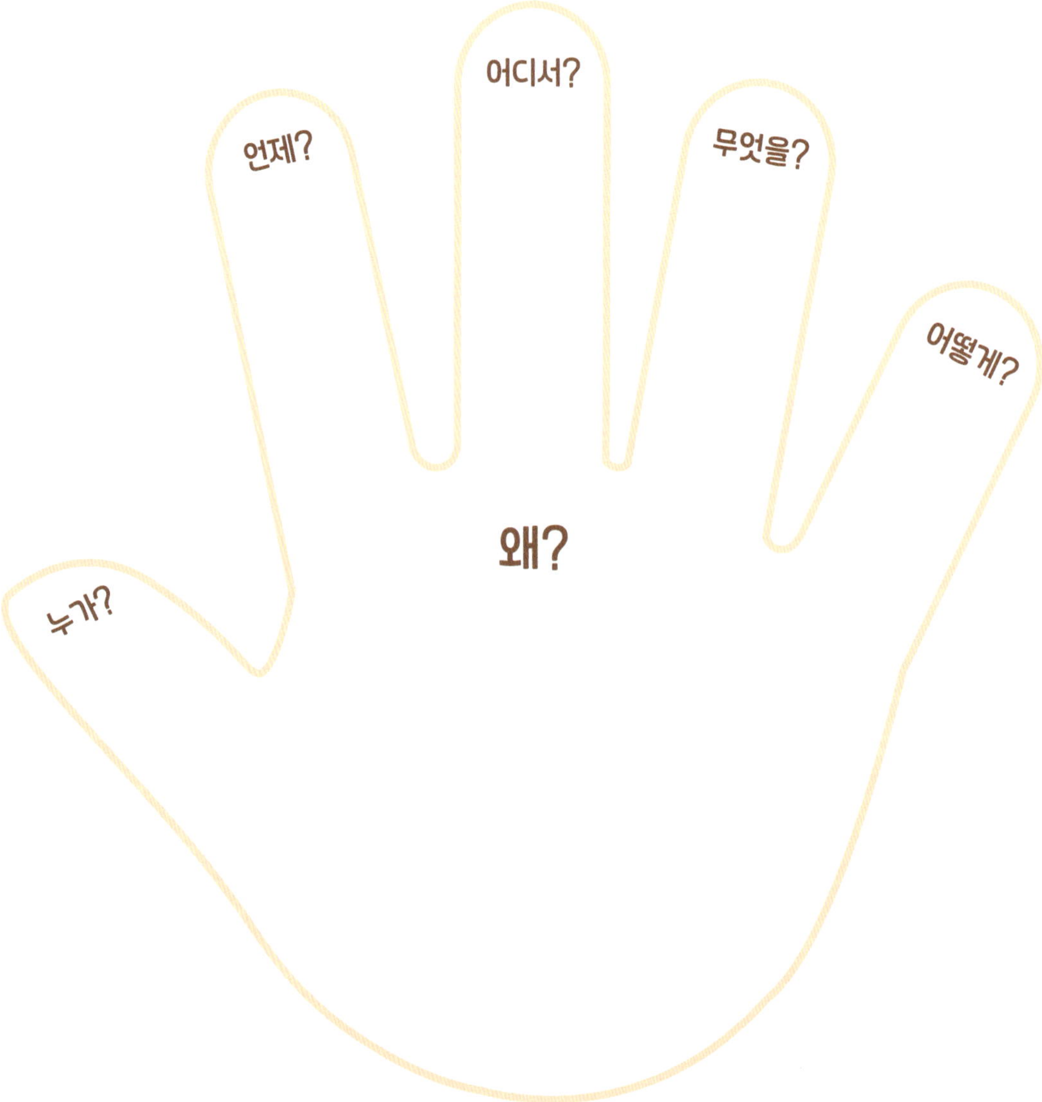

어디서?

언제?    무엇을?

어떻게?

왜?

누가?

4단계 **나도 신문 기자**

 **아리와 함께 후루룩 신문 일기 쓰기**
우리 이제 신문 일기를 써 볼까?
아리의 질문에 대한 답을 적어도 좋아.

제목:

　　　　　　　　　　　　　　　　월　　　일　　요일

 **일기 쓰기를 도와주는 아리의 질문**

- 도널드 트럼프 대통령이 미국 대통령으로 당선된 이유는 무엇이라고 생각해?
- 미국 국민부터 챙기는 '미국 우선주의'에 대해 어떻게 생각해?
- 네가 만약 대통령이 된다면 국민들에게 어떤 약속을 하고 싶어?

4주차
DAY 3. 사회

월    일

# 겨울 바다로 풍덩!
# 북극곰 수영 대회

추운 바다에서 나처럼 수영하겠다고? 가능할까?

ⓒ getty images bank

**신아리의 오늘의 단어**

## 남녀노소

: 남자와 여자, 늙은이와 젊은이란 뜻으로, 모든 사람을 이르는 말이에요.

예) 이 노래는 **남녀노소** 구분 없이 모두가 좋아하는 노래예요.

   손발이 꽁꽁 얼 것처럼 추운 날씨에 바다에 뛰어들어 헤엄친다면 어떤 기분이 들까요? 마치 북극곰이 된 것 같은 기분이 들지 않을까요?

   겨울이 되면 세계 곳곳에서 '북극곰 수영 대회'가 열린답니다. 미국과 캐나다에서는 매년 1월이 되면 성공적인 새해 출발을 응원하는 사람들이 모여 북극곰 수영 대회에 참가해요.

   그런데 우리나라의 부산 해운대에서도 비슷한 행사가 열린다는 사실, 알고 있나요?

   '해운대 북극곰 축제'는 영하의 바다에 뛰어들어 1km의 거리를 수영하는 대회예요. 한겨울의 매서운 추위를 온몸으로 느끼는 축제이지요. 이 대회에는 **남녀노소** 누구나 참여할 수 있고, 외국인들도 많이 참여한다고 해요.

   해운대 북극곰 축제는 1988년 서울 올림픽의 성공을 기원하며 시작된 이후 지금까지 이어져 2025년 올해 38회를 맞이했어요. 영국 BBC 방송은 이 대회를 '세계 10대 이색 스포츠 대회'로 선정하기도 했지요. 차가운 바람이 부는 영하의 날씨에도 매년 수천 명의 참가자가 바다를 향해 달려간답니다.

   다음 겨울에는 또 얼마나 많은 도전자가 추위를 잊은 채 바다로 뛰어들까요? 여러분도 기회가 된다면 한번 도전해 보세요.

북극곰 축제에 참여한 시민들의 멋진 모습을 영상으로 확인해 보아요.

2단계 **자세히 신문 읽기**

**나는야 세상 이야기를 들으면 신이 나는 신문 병아리 신아리**

흐린 글자를 따라 쓰고, '늙다'를 뜻하는 '노'가 들어 있는 말을 찾아 ○ 해 보자(3개).

'사내'라는 뜻을 가진 남 + '여자'라는 뜻을 가진 여 +
'늙다'라는 뜻을 가진 노 + '젊다'라는 뜻을 가진 소
= 남자와 여자, 늙은이와 젊은이를 이르는 남녀노소

| 노인 | 노란색 | 노약자 | 노인정 | 피아노 |

········ 정답 183쪽

**아리는 재밌는 걸 좋아해**

북극곰 수영 대회 참가자들을 위한 응원 현수막을 만들어 보자.

107

# 3단계 놀면서 생각 쓰기

**아리아리 신아리랑 신나게 놀아 보자 끝없이 이어지는 버블버블 생각 주머니**

## 한계란 없어! 기사를 읽고 자유롭게 생각을 떠올려 봐.

### '버블버블 생각 주머니'란?

기사를 읽고 나서 떠오르는 생각을 모두 다 적어 보는 거야.

**신아리**의 버블버블 생각 주머니

- 어푸어푸
- 1등은 과연 누구일까?
- 난 배영을 잘해
- 사진만 봐도 추워
- 감기
- 추위
- 수영
- 얼음
- 오들오들
- 북극곰
- 추운 겨울에 바다 수영을?
- 수영장
- 대단하군
- 어린이도 많을까?

_____의 버블버블 생각 주머니

**TIP!** 버블버블 생각 주머니 적는 꿀팁! '이런 것을 적어도 될까?'라는 생각은 절대 하지 않기! 무엇이든 다 좋아! 마음껏 적어 봐.

## 4단계 잠깐 쉬어 가기

**아리와 함께 탐정이 되어 보자 두근두근 암호 풀기**

오늘 읽은 신문 기사와 관련된 암호지가 있어.
모양에 맞는 글자를 찾아 적고 어휘를 완성해 봐.

| ★ | ♥ | △ | ♤ | ◆ | ♣ | ◐ | ▼ | ○ |
|---|---|---|---|---|---|---|---|---|
| 영 | 제 | 올 | 겨 | 림 | 축 | 픽 | 울 | 수 |

♣ ♥ → 축제

△ ◆ ◐ → 올림픽

♤ ▼ → 겨울

○ ★ → 수영

4주차
DAY 4. 사회

월    일

# 왜 반려동물을 버렸나요?

ⓒ getty images bank

신아리의
**오늘의 단어**

## 유기

: 내다 버리는 행동을 뜻하는 단어예요.

예) 우리 동네 아파트에는 유기된 고양이들이 살아요.

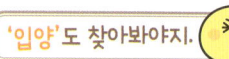 '입양'도 찾아봐야지.

"사람을 잘 따르고, 너무 귀여워요."
공공 보호소에 버려진 동물들을 소개하는 글이에요. 버림받은 강아지와 고양이는 다시 자신을 받아 줄 새 가족을 기다리고 있어요.

지난 2월 5일부터 한 달간 공공 보호소에 등록된 유기 동물은 2,269마리였어요. 하루에 약 75마리씩 버려진 셈이에요. 사람들은 처음에 "끝까지 책임질게요."라고 말하며 동물을 집으로 데려가지만, 실제로 한 주인 밑에서 평생을 사는 반려동물은 20%밖에 되지 않는다고 해요. 왜 이렇게 많은 동물이 유기되는 걸까요?

반려동물이 크고 나서 귀여움이 줄어들면 얼굴이 못생겨졌다며 버리는 주인들도 있고, 병원비가 많이 들어서 버리는 경우도 있어요. 화장실을 못 가리거나 물건을 물어뜯는 게 싫다고 버리는 사람들도 있지요.

주인이 돌아오기 전까지 종일 집에 혼자 있는 반려동물은 외로움과 스트레스로 문제 행동을 보이기도 하는데, 이런 이유로 결국 동물을 버리는 사람들도 많아요. 하지만 이러한 문제는 동물 탓이 아니라 준비 없이 키운 사람의 책임이에요.

정부는 동물을 유기하는 행위에 대한 벌금을 올리고 입양도 지원하고 있지만, 유기 동물의 수는 줄지 않고 있어요.

한 생명을 책임지는 일은 오랜 시간 고민하고 결정해야 하는 일이에요. 끝까지 동물을 돌볼 준비가 되어 있을 때 비로소 한 생명을 가족으로 맞이할 자격이 생기는 거랍니다.

유기견 보호소에서 생활하는 동물들의 모습을 영상으로 확인해 보아요.

2단계 **자세히 신문 읽기**

나는야 세상 이야기를 들으면 신이 나는 신문 병아리 신아리
**버려진 동물들은 길거리를 떠돌며 어떤 생각을 할까?**

아리는 하고 싶은 말이 너무 많아
**동물들이 원하는 가족은 어떤 모습일지 적어 봐.**

내 가족은
이랬으면 좋겠어.

내 가족은
이랬으면 좋겠어.

### 3단계 놀면서 생각 쓰기

 **아리아리 신아리랑 하나씩 탐구해 보자 주제 탐구 클럽**
## 기사 주제인 '동물 입양과 유기'에 대해 궁금한 점을 모두 떠올려 봐.

> **'주제 탐구 클럽'이란?**
> 기사의 주제에 대해 깊이 생각하고 탐구해 보는 거야.
> '동물 입양과 유기'에 대한 질문을 스스로 만들어 보아도 좋아.

우리 집 앞에 버려진 강아지가 있다면, 나는 어떻게 행동할까?

반려동물을 키우기 전, 고려해야 할 것은 무엇일까?

우리 가족에게 어울리는 반려동물은 어떤 동물일까?
왜 그렇게 생각했는지도 말해 줘.

4단계 **나도 신문 기자**

 **아리와 함께 후루룩 신문 일기 쓰기**

우리 이제 신문 일기를 써 볼까?
'주제 탐구 클럽'에 적은 내용을 활용해도 좋아.

제목:

　　　　　　　　　　　　　　　월　　　일　　요일

 **일기 쓰기를 도와주는 아리의 질문**

✏ 주인에게 버려진 반려동물을 떠올리면 어떤 마음이 들어?

✏ 버려지는 반려동물의 수를 줄이기 위해서는 어떻게 해야 할까?

✏ 기사를 읽고 새롭게 알게 된 사실이 있니?

1단계 신나는 신문 읽기

4주차
DAY 5. 마음 돌봄

월    일

# "난 망했어."라고 말하는 아이에게

꾸준히 노력하면 나도 할 수 있을까?

ⓒ getty images bank

### 신아리의 오늘의 관용어

## 발을 들이다

: 하지 않던 일을 시작하거나 처음으로 경험한다는 뜻이에요.

예) 내 동생은 춤추는 일에 **발을 들인** 후 음악만 나오면 몸을 흔들어요.

'이제 와서 공부한다고 뭐가 달라지겠어?'
준호의 머릿속에는 이런 생각이 떠나질 않았어요. 친구들 사이에서는 이미 별로 공부 못하는 아이라고 소문이 나 있었고, 시험 점수도 낮았지요.
"난 망했어. 아무리 해도 소용없어."
준호는 점점 더 공부를 미루게 되었어요.
그러던 어느 날, 농구를 하고 있는 준호에게 코치님이 다가와 말했어요.
"우아, 또 골인이네! 준호는 처음부터 슛을 잘 넣었니?"
"에이, 그럴 리가요. 처음엔 계속 빗나갔어요."
"그래? 지금 이렇게 잘하는 걸 보니 연습을 많이 했나 봐."
준호는 농구를 처음 배우던 때가 생각났어요. 처음에는 농구공을 던질 때마다 골대를 빗나갔지만, 몇 달이나 계속 연습해서 슛을 잘 넣게 되었지요.
준호는 이런 생각이 들었어요.
'농구도 처음엔 못했었네. 내가 지금 공부를 잘 못한다고 해서 앞으로도 못하는 건 아니지. 농구처럼 말이야.'
그때부터 준호는 공부에 **발을 들이게** 되었어요. 문제집을 풀고, 모르는 문제를 하나씩 해결해 나갔지요. 능력은 고정된 것이 아니라, 노력을 통해 계속 변화한다는 것을 깨달은 거예요. "망했어!"라고 중얼거리던 혼잣말도 점점 줄어들게 되었답니다.

한 친구의 실제 경험을 바탕으로 신문 기사를 작성했어.

**나는야 세상 이야기를 들으면 신이 나는 신문 병아리 신아리**

## 지금 너의 마음은 어때? 아리랑 마음 공부 해 보자.

# 괴롭다

: 몸이나 마음이 편하지 않고 고통스럽다.

도전하고 싶어도 이미 망했다는 생각이 계속 들어서 괴로워.

괴로웠던 순간을 떠올려 봐.

친구가 계속 내가 싫어하는 별명을 부르며 놀릴 때

### 3단계 놀면서 생각 쓰기

**아리아리 신아리랑 마음을 토닥토닥 나도 그랬어**

**연습을 통해 점점 나아질 수 있다는 것을 깨달은 준호에게 공감의 말을 건네 보자.**

― '나도 그랬어'란? ―
인물과 비슷한 감정을 느꼈던 순간을 떠올린 후 인물에게 공감의 말을 해 주는 거야.

준호야! 나도 그랬어.

4단계 **나도 신문 기자**

아리와 함께 **후루룩 신문 일기 쓰기**

우리 이제 신문 일기를 써 볼까?
아리의 질문에 대한 답을 적어도 좋아.

제목:

　　　　　　　　　　　　　　　　월　　　일　　요일

 **일기 쓰기를 도와주는 아리의 질문**

✏️ 기사를 읽기 전, 기사 제목을 보고 어떤 생각이 들었어?

✏️ 처음에는 잘 못했지만 꾸준히 연습해서 잘하게 된 일이 있어?

✏️ 망했다는 생각이 들 때마다 스스로에게 어떤 말을 들려주면 용기가 날까?

# 영국의 위대한 총리
# 윈스턴 처칠

> 한 번의 실패에 좌절하지 마세요. 계속 도전하면 결국 성공할 테니까요.

ⓒ Wikimedia Commons

### 신아리의 오늘의 단어

## 의욕

: 무엇을 하고자 하는 적극적인 마음이나 욕망을 뜻해요.

예) 나는 새로운 것을 배울 때마다 의욕이 넘쳐요.

'거듭'도 찾아봐야지.

"이 학생은 친구들과 자주 다툽니다. 또한 상습적으로 지각을 하며 물건을 제대로 챙기지 못합니다."

학교에서 이런 말을 듣던 말썽꾸러기는 훗날 어떤 어른으로 자랐을까요?

믿기 힘들겠지만 이 아이는 영국의 총리가 되어 제2차 세계 대전을 연합국의 승리로 이끌었답니다. 뿐만 아니라 역사적 사실을 긴장감 있게 묘사한 책들을 써서 노벨 문학상을 받기도 했지요. 이 이야기의 주인공은 바로 '윈스턴 처칠'이에요.

학창 시절 처칠은 의욕도 없고, 공부도 못하는 학생이었어요. 하지만 좋아하는 영어와 역사 과목만큼은 열심히 공부했고, 높은 성적을 받았어요.

군인이 되고 싶었던 처칠은 여러 번의 도전 끝에 겨우 육군 사관 학교에 입학할 수 있었어요. 자신의 적성을 찾은 그는 누구보다 성실하게 학교생활을 하여 우수한 성적으로 졸업했어요.

실패를 거듭하더라도 포기하지 않고 끝까지 최선을 다하는 처칠의 성격은 마침내 그를 영국 총리의 자리에까지 오르게 했어요.

윈스턴 처칠은 이런 말을 남겼어요.

"성공이란 열정을 잃지 않고 실패에서 실패로 나아갈 수 있는 능력이다."

수없이 실패하던 말썽꾸러기 학생에서 나라의 영웅이 되기까지, 처칠은 끊임없이 도전했어요. 이러한 처칠의 생애는 지금도 여전히 많은 사람에게 감동을 주고 있답니다.

만약 어린 윈스턴 처칠이 우리 반 친구라면 어떨까?

## 2단계 자세히 신문 읽기

**나는야 세상 이야기를 들으면 신이 나는 신문 병아리 신아리**
**아래 문장을 멋지게 꾸며서 다시 써 봐.**

성공이란 열정을 잃지 않고 실패에서 실패로 나아갈 수 있는 능력이다.

### 성공이란 열정을 잃지 않고 실패에서 실패로 나아갈 수 있는 능력이다.

3단계 **놀면서 생각 쓰기**

 아리아리 신아리랑 마음껏 상상해 보자 **두근두근 당신의 머릿속**
## 윈스턴 처칠에게는 어떤 꿈이 있었을까?

'두근두근 당신의 머릿속'이란?

기사 속 인물이 어떤 꿈을 꾸며 살았을지 상상해 봐.
꿈과 관련된 것은 무엇이든 좋으니, 인물의 머릿속을 신나게 탐험해 보는 거야.

4단계 **나도 신문 기자**

**아리와 함께 후루룩 신문 일기 쓰기**

우리 이제 신문 일기를 써 볼까?
'두근두근 당신의 머릿속'에 적은 내용을 활용해도 좋아.

제목:

월    일    요일

 **일기 쓰기를 도와주는 아리의 질문**

- 윈스턴 처칠의 어린 시절을 보며 어떤 생각이 들었어?
- 윈스턴 처칠과 나의 공통점에는 어떤 것들이 있을까?
- 실패를 거듭하더라도 포기하지 않고 계속 하고 싶은 일이 있니?

4주차
DAY 7. 속담

월    일

# 하늘이 무너져도 솟아날 구멍이 있다

어떻게든 방법을 찾을 수 있겠지?

ⓒ getty images bank

신아리의
**비슷한 속담**

**쥐구멍에도
볕 들 날 있다**

: 깜깜한 쥐구멍에도 볕이 들듯이, 몹시 고생하다가도 좋은 날이 온다는 뜻이에요.

놀이터에서 혼자 놀고 있는 지원이에게 같은 아파트에 사는 언니 한 명이 다가왔어요.
"지원아, 안녕? 심심하면 나랑 같이 놀래?"
6학년인 언니는 지원이를 데리고 동네 구석구석을 돌아다니며 재미있는 장소들을 알려 주었어요. 언니와 신나게 이야기하며 계속 걷다 보니 어느새 낯선 동네에 도착하게 되었지요.
언니가 시계를 보더니 깜짝 놀라며 말했어요.
"시간이 이렇게 많이 지난 줄 몰랐네. 학원 늦겠다! 지원아, 다음에 또 같이 놀자."
언니는 지원이를 남겨 두고 먼저 뛰어갔어요. 서둘러 뒤쫓아 갔지만 어느새 언니는 보이지 않았어요. 낯선 곳에 홀로 남겨진 지원이는 하늘이 무너지는 것 같은 기분이 들었어요.
지원이는 눈가에 눈물이 그렁그렁 고인 채 거리를 헤맸어요. 그때 누군가 지원이에게 다가왔어요.
"지원아, 여기서 뭐 해? 어서 집에 가자."
학교 수업을 마치고 집으로 향하던 큰오빠와 마주친 거예요. 지원이는 참았던 울음을 터뜨리며 말했어요.
"엉엉…. 길 잃어서 집에 못 가는 줄 알았어."
지원이는 큰오빠의 손을 잡고 집으로 향하며 생각했답니다.
'역시 하늘이 무너져도 솟아날 구멍이 있네. 휴, 다행이다.'
"하늘이 무너져도 솟아날 구멍이 있다."라는 속담은 아무리 어려운 경우에 처하더라도 살아 나갈 방도가 생긴다는 말이에요.

오늘 배운 속담과 관련된 이야기를
영상을 통해 확인해 보아요.

2단계 **자세히 신문 읽기**

**나는야 세상 이야기를 들으면 신이 나는 신문 병아리 신아리**
오늘 배운 속담을 따라 적어 보자.

# 하늘이 무너져도 솟아날 구멍이 있다

하늘이 무너져도 솟아날 구멍이 있다

**아리는 하고 싶은 말이 너무 많아**
"하늘이 무너져도 솟아날 구멍이 있다."라는 속담과 비슷한 경험이 있다면 적어 봐.

학교에 깜빡하고 준비물을 못 챙겨 가서 선생님께 혼날 뻔했어.
그런데 친구가 "내가 두 개 챙겨 왔어."라고 말하면서 하나를 빌려줬어.

# 3단계 놀면서 생각 쓰기

 **아리아리 신아리랑 마음껏 상상해 보자 변화하는 표정 놀이**
## 상황에 따라 달라지는 지원이의 표정과 말을 상상해 봐.

### '변화하는 표정 놀이'란?
상황에 맞는 표정을 그려 보고, 그 표정을 지으며 어떤 말을 했을지 적어 보는 거야.

· 6학년 언니와 신나게 놀던 지원이

언니! 난 여기 처음 와 봤어.
우리 집에서 멀지 않은 곳에
이런 장소들이 있었다니 정말 신기하다!
또 재미있는 곳 있으면 알려 줘.

· 낯선 곳에 홀로 남겨진 지원이

· 큰오빠를 만난 지원이

## 4단계 잠깐 쉬어 가기

**어휘력 쑥쑥! 아리와 함께 가로세로 낱말 퍼즐**

우리 이제 재미있는 낱말 퍼즐을 해 볼까?
단어에 대한 설명을 읽고 알맞은 단어를 빈칸에 적어 봐.

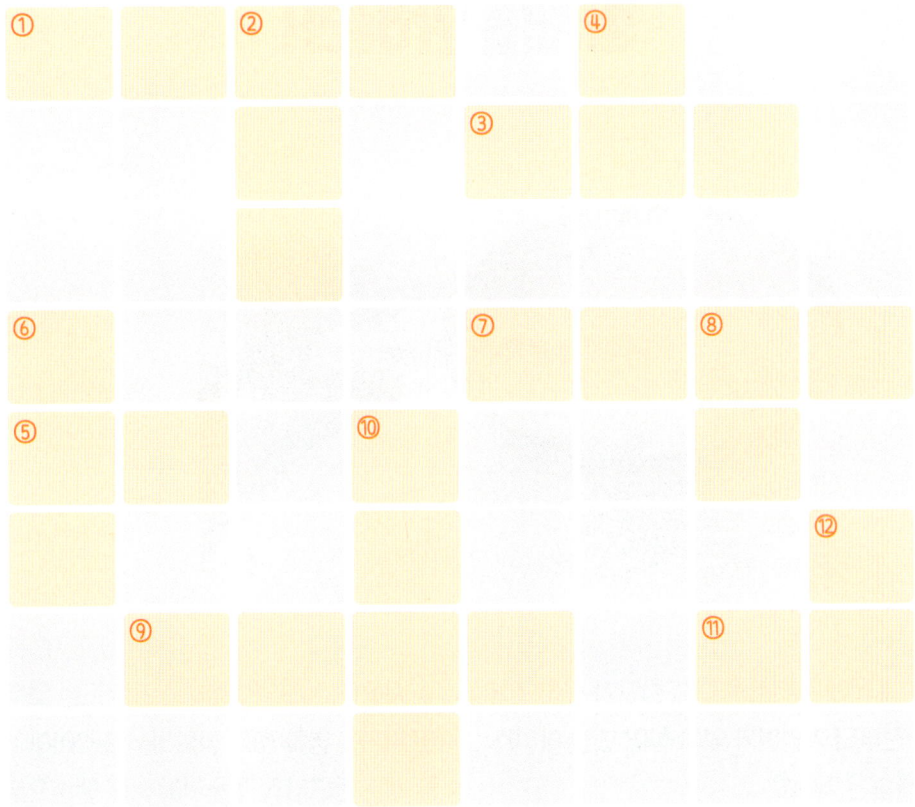

### [가로 퍼즐]

① 진귀하고 기이한 세계 기록을 모은 책이에요.

③ 위험하지 않도록 잘 보살펴 주는 장소를 뜻해요.

⑤ "하늘이 무너져도 솟아날 ○○이 있다."
○○에 들어갈 말은 무엇일까요?

⑦ 사람이 정서적으로 의지하고 가까이 두고 기르는 동물을 말해요.

⑨ 국민이 권력을 가지고 그 권력을 스스로 행사하는 제도를 말해요. 우리나라는 ○○○○ 국가예요.

⑪ 윈스턴 처칠이 했던 말을 기억하나요?
"성공이란 ○○을 잃지 않고 실패에서 실패로 나아갈 수 있는 능력이다."

### [세로 퍼즐]

② 운동 경기를 뜻하는 영어 단어는 무엇일까요?

④ 주장을 간결하게 표현한 문구를 말해요.
"미국을 다시 위대하게!"라는 ○○처럼요.

⑥ 농구를 할 때 쓰는 까만 줄무늬가 있는 공이에요.

⑧ 사람들이 생활하는 여러 집이 모여 있는 곳이에요.
지원이는 언니와 ○○ 구석구석을 돌아다녔어요.

⑩ 트럼프 대통령은 미국 국민부터 챙기겠다면서 미국 ○○○○를 내세웠어요.

⑫ 파티다르의 얼굴에 난 털의 개수를 ○○한 결과, 손톱 정도의 면적당 201.72개의 털이 있었어요.

· · · · · · · 정답 183쪽

5주차
DAY 1. 과학

월　일

# 드라이아이스
## 정체를 밝혀라!

ⓒ getty images bank

**신아리의 오늘의 단어**

### 상온

: 가열하거나 냉각하지 않은 자연 그대로의 기온을 뜻해요.

예) 바나나는 상온에서 보관해야 해요.

　기범이네 집에 스티로폼 택배 상자가 도착했어요. 며칠 전부터 기범이가 먹고 싶어 했던 아이스 홍시가 배송 온 거예요.
　기범이는 얼른 택배 상자를 열어 보았어요. 안에는 아이스 홍시와 '드라이아이스'라고 적힌 주머니가 들어 있었지요. 드라이아이스 주머니를 빤히 보던 기범이가 말했어요.
　"엄마, 드라이아이스 주머니에서 하얀 연기가 계속 나와요!"
　호기심 많은 기범이가 주머니를 만지려고 하자 엄마가 소리쳤어요.
　"잠깐, 기범아! 드라이아이스를 맨손으로 만지면 큰일 나."
　드라이아이스는 기체 상태의 이산화 탄소를 고체 상태로 만든 것으로, 냉동식품을 보관할 때 자주 사용해요. 드라이아이스의 온도는 얼음보다 훨씬 차가운 영하 78도 정도라서 드라이아이스를 만질 때는 반드시 장갑을 껴야 해요. 맨손으로 무턱대고 만지면 동상에 걸릴 위험이 매우 크거든요.
　드라이아이스를 상온에 두면 신기하게도 기체로 변해요. 이 과정에서 주변의 열을 빼앗아 주위 온도가 급격히 낮아지지요.
　온도가 내려가면 공기 중의 수증기가 빠르게 식으면서 작은 물방울로 바뀌어요. 그리고 이것이 우리 눈에는 하얀 연기처럼 보이고요.
　드라이아이스에서 뭉게뭉게 피어오르는 하얀 연기의 정체, 이제는 자신 있게 말할 수 있겠죠?

드라이아이스의 원리에 대해 더 알아보고 싶다면 영상을 살펴보아요.

2단계 **자세히 신문 읽기**

**아리는 재밌는 걸 좋아해**

# 드라이아이스에서 하얀 연기가 나와서 찰칵 사진을 찍었어.
# 하얀 연기 위에 그림을 그려서 멋지게 만들어 봐.

아리는 하얀 연기를 무로 변신시키고
재미있는 얼굴도 그려 넣었어!

### 3단계 놀면서 생각 쓰기

**아리아리 신아리랑 하나씩 탐구해 보자 주제 탐구 클럽**

# 기사의 주제인 '드라이아이스'에 대해 궁금한 점을 모두 떠올려 봐.

#### '주제 탐구 클럽'이란?

기사의 주제에 대해 깊이 생각하고 탐구해 보는 거야.
'드라이아이스'에 대한 질문을 스스로 만들어 보아도 좋아.

🐥 기체 상태의 이산화 탄소처럼 만질 수 없는 것이 있을까?

🐥 드라이아이스처럼 하얀 연기를 내뿜는 것이 있다면 무엇일까?

🐥 드라이아이스가 많이 생긴다면 어떤 용도로 사용하고 싶어?

4단계 **나도 신문 기자**

**아리와 함께 후루룩 신문 일기 쓰기**

우리 이제 신문 일기를 써 볼까?
'주제 탐구 클럽'에 적은 내용을 활용해도 좋아.

제목:

　　　　　　　　　　　　　　　　　　　월　　　일　　　요일

---

 **일기 쓰기를 도와주는 아리의 질문** 　이 질문에 대한 답을 연결해서
　　　　　　　　　　　　　　　　　　　　 일기로 적어 보아도 좋아.

- 기사를 읽기 전, 기사 사진을 보고 어떤 생각이 들었어?
- 드라이아이스를 실제로 본 적이 있니?
- 기사 내용 중 놀라운 점이나 새롭게 알게 된 점이 있어?

# 세상에서 가장 비싼
# 86억 원짜리 바나나

실제 미술 작품 '코미디언'은 QR 코드 영상으로 확인해 보아요. ⓒ getty images bank

내가 86억 원짜리 미술 작품이 된다고?

### 신아리의 오늘의 단어

## 부당하다

: 이치에 맞지 않다는 뜻이에요.

예) 누나만 선물을 두 개 받는 것은 아무리 생각해도 **부당해요**.

86억 원에 팔린 바나나가 있다는 소식을 들어 보았나요?

최근 500원짜리 바나나에 은색 테이프를 붙인 미술 작품 '코미디언'이 약 86억 원에 팔려 화제가 되고 있어요.

이 작품을 산 사람은 홍콩의 사업가 저스틴 선이에요. 저스틴 선은 작품을 산 뒤, 벽에 붙어 있던 바나나를 떼어 내 먹어 버렸어요. 그러고는 웃으며 이렇게 말했지요.

"다른 바나나보다 훨씬 맛있군요."

저스틴 선은 이러한 퍼포먼스 역시 작품 역사의 일부가 될 수 있다고 덧붙였어요.

비싼 가격과 재미있는 퍼포먼스로 화제가 된 미술 작품 '코미디언'은 이탈리아 예술가 마우리치오 카텔란의 작품이에요.

예술계의 악동이라고 불리는 카텔란은 파격적이고 과감한 방식으로 미술 작품을 만들었어요. 세상에서 일어나는 **부당한** 일들에 날카로운 유머를 섞어 작품으로 표현했지요.

은색 테이프를 이용해 바나나를 벽에 붙인 그의 작품 '코미디언'은 예술가의 유명세에 따라 작품의 값이 정해지는 미술계의 현실을 비판한 작품이에요.

카텔란은 금으로 변기를 만들어 미술관 화장실에 설치한 '아메리카', 사람을 테이프로 벽에 붙인 '무제'라는 작품을 선보이기도 했어요.

미술 작품 '코미디언'을 생생한 영상으로 만나 보아요.

## 2단계 자세히 신문 읽기

나는야 세상 이야기를 들으면 신이 나는 신문 병아리 신아리

**이탈리아 예술가 카텔란처럼 기발한 미술 작품을 만들어 봐.**

오른쪽에 있는 재료를 사용해 그림을 그려 보는 거야.
재료를 모두 사용해도 좋고, 하나만 사용해도 괜찮아.

아리가 가장 좋아하는 끝말잇기 시간

**기사에 나온 낱말의 마지막 글자를 시작으로 끝말잇기를 해 보자.**

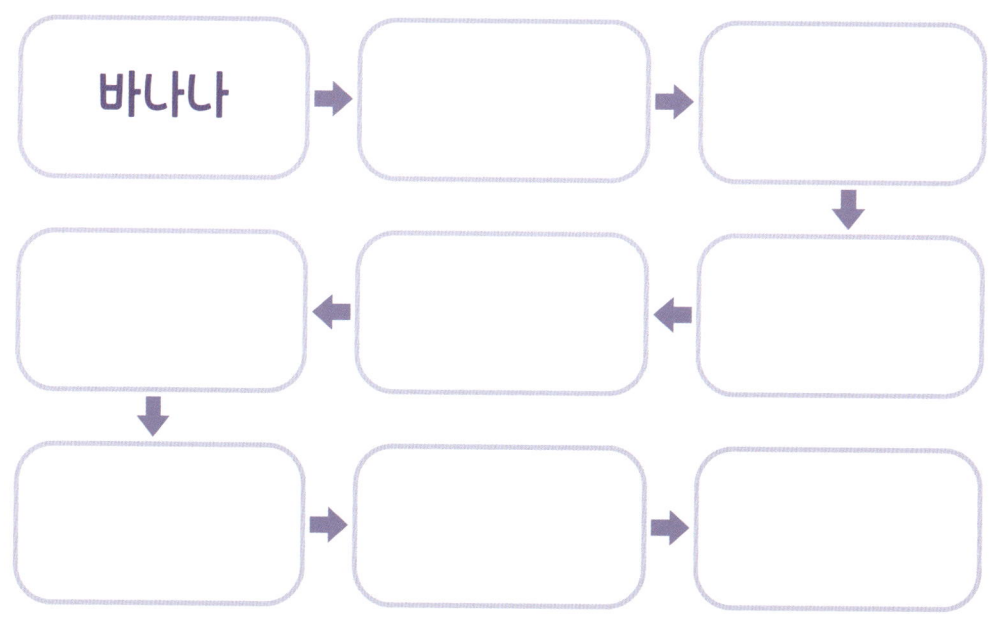

바나나

## 3단계 놀면서 생각 쓰기

**아리아리 신아리랑 마음껏 상상해 보자 바나나 상점 안내판**

## 바나나와 관련된 물건만 파는 상점이 있다면 어떤 물건을 팔까?

### '바나나 상점 안내판'이란?
바나나 상점에서 팔 만한 물건들을 떠올려 보고, 물건 이름과 설명을 쓰는 거야.

### ★ 바나나 상점 안내판 ★

**바나나 필통**
바나나 모양의 필통으로, 바나나 향기가 나요.
말랑말랑해서 떨어뜨려도 망가지지 않는답니다.

4단계 **나도 신문 기자**

**아리와 함께 후루룩 신문 일기 쓰기**

우리 이제 신문 일기를 써 볼까?
아리의 질문에 대한 답을 적어도 좋아.

제목:

　　　　　　　　　　　　　　　　　월　　　일　　　요일

---

 **일기 쓰기를 도와주는 아리의 질문**

🖉 기사를 읽기 전, 기사 사진과 제목을 봤을 때 어떤 생각이 들었어?

🖉 만약 과일로 작품이나 물건을 만든다면 무엇을 만들고 싶니?

🖉 바나나가 약 86억 원이라는 큰 금액에 팔린 것에 대해 어떤 생각이 들어?

5주차
DAY 3. 사회

월    일

# 달콤한 초콜릿
## 왜 가격이 치솟았을까?

ⓒ getty images bank

신아리의
**오늘의 단어**

## 이상 기후

: 기온이나 강수량 따위가 정상적인 범위를 벗어난 상태를 뜻해요.

예) **이상 기후** 때문에 토마토 가격이 올라서 햄버거에서 토마토가 빠졌어요.

초코 맛 과자, 초코우유 등 초콜릿이 들어간 간식은 많은 사람에게 꾸준히 사랑받고 있어요. 하지만 최근 들어 초콜릿이 들어간 제품의 가격이 갑자기 치솟는 바람에 사람들이 구매를 머뭇거리고 있지요.

한 인기 있는 초코 맛 과자는 무려 20%나 가격이 올랐다고 해요. 도대체 초콜릿에 무슨 일이 벌어지고 있는 걸까요?

이와 같은 일이 생긴 건 초콜릿의 핵심 원료인 코코아의 가격이 갑자기 크게 올랐기 때문이에요.

코코아는 카카오나무 열매의 씨를 빻아서 만든 가루로, 대부분 서아프리카와 중남미 지역에서 생산되고 있어요. 그런데 기후 변화로 폭우와 가뭄 등 **이상 기후** 현상이 지속되면서 카카오나무가 제대로 자랄 수 없게 되었어요. 결국 카카오나무에서 나오는 코코아의 생산량이 줄어들었고, 가격은 올라갔지요.

기후 변화로 농작물 생산이 줄어 식료품값이 상승하는 현상을 '기후플레이션'이라고 해요. 한국어인 '기후'와 물가 상승을 뜻하는 영어 단어인 '인플레이션(Inflation)'을 합해 만든 단어지요.

앞선 사례에서 보듯이, 기후 변화로 인한 이상 기후 현상은 초코 맛 과자의 가격마저 들썩이게 하며 우리 생활 곳곳에 크고 작은 영향을 미치고 있어요.

위기에 처한 카카오나무의 모습을 영상으로 확인해 보아요.

2단계 **자세히 신문 읽기**

나는야 세상 이야기를 들으면 신이 나는 신문 병아리 신아리
## 즐거운 OX 퀴즈 시간! 기사를 잘 읽었다면 맞힐 수 있을 거야.

1. 초콜릿이 들어간 과자의 가격이 갑자기 오른 이유는 판매자가 욕심을 부렸기 때문이에요.

2. 코코아는 대부분 서아프리카와 중남미 지역에서 생산되고 있어요.

3. 코코아는 카카오나무 열매의 씨를 빻아서 만든 가루예요.

⋯⋯⋯ 정답 183쪽

아리는 궁금한 게 너무 많아
## 일이 일어난 순서에 맞게 번호를 적어 봐.

① 한 인기 있는 초코 맛 과자는 무려 20%나 가격이 올랐어요.

② 기후 변화로 폭우와 가뭄 등 이상 기후 현상이 지속되었어요.

③ 카카오나무가 제대로 자랄 수 없게 되었어요.

④ 코코아 생산량이 줄어들었고 가격은 올라갔어요.

⋯⋯⋯ 정답 183쪽

### 3단계 놀면서 생각 쓰기

**아리아리 신아리랑 크게 외쳐 보자 마법사의 주문**
## 어떻게 해야 카카오나무가 잘 자랄 수 있을지 생각해 봐.

### '마법사의 주문'이란?

어떤 문제가 있는지 적고,
그 문제를 해결할 수 있는 주문을 만들어 보는 거야.

나는 초콜릿의
핵심 원료를 만드는
카카오나무의 열매야.
예전에는 잘 자랐는데
이제는 제대로 자라지
못하고 있어.

내가 다시
많이 열릴 수 있게
주문을 걸어서 나를 도와줘.
삐리 삐리 뾰로로 뽕!

카카오나무가
잘 자라지 못하는 이유는

카카오나무가
잘 자랄 수 있도록
마법사의 주문 시작!

4단계 **나도 신문 기자**

아리와 함께 후루룩 신문 일기 쓰기

**우리 이제 신문 일기를 써 볼까?
'마법사의 주문'에 적은 내용을 활용해도 좋아.**

제목:

　　　　　　　　　　　　　　　월　　　일　　요일

**일기 쓰기를 도와주는 아리의 질문**

🖊 코코아 가격이 계속 오르면 어떤 일이 벌어질까?

🖊 이상 기후 현상을 막기 위해 우리가 어떤 일을 할 수 있을까?

🖊 기사 내용 중 놀라운 점이나 더 알아보고 싶은 점이 있니?

# 우주의 탐정
# 제임스 웹 망원경

제임스 웹 망원경으로 촬영한 남반구 고리 성운 ⓒ Wikimedia Commons

### 신아리의 오늘의 단어

## 초신성

: 아주 무거운 별이 마지막 순간에 급격한 폭발을 일으키면서 엄청나게 밝아진 뒤 점차 사라지는 현상을 뜻해요.

예) **초신성**을 통해 별도 마지막 순간이 있다는 사실을 알게 되었어요.

밤하늘에 반짝이는 별들을 보며 '저 별들은 얼마나 멀리 있을까?', '우주 끝에는 무엇이 있을까?' 하는 호기심을 품어 본 적 있나요? 이러한 신비로운 질문에 답하기 위해 특별한 망원경이 우주로 떠났어요. 바로 제임스 웹 망원경이에요.

2021년 12월 25일에 발사된 제임스 웹 망원경은 지구에서 약 150만km 떨어진 곳에 있어요. 약 138억 년 전 우주가 처음 만들어지던 무렵의 은하를 관찰하며 우주의 비밀을 밝히고 있지요.

또한 외계 행성도 연구하고 있어요. 다른 행성에도 물이 있는지, 외계 생명체가 존재할 가능성은 없는지 등 여러 질문에 대한 답을 찾으며 마치 우주의 탐정처럼 활약하고 있답니다.

제임스 웹 망원경 이전에는 허블 망원경이 우주를 관찰했어요. 1990년에 발사된 허블 망원경은 30년 넘게 블랙홀, **초신성** 같은 우주의 신비를 우리에게 보여 주었지요. 허블 망원경이 현재의 우주를 보는 눈이라면, 제임스 웹 망원경은 과거로 돌아가 우주 탄생의 순간을 탐험하는 시간 여행자라고 할 수 있어요.

제임스 웹 망원경은 전 세계 과학자들이 함께 힘을 모아 만든 결과물이에요. 덕분에 우리는 우주의 시작, 별의 탄생, 그리고 외계 행성의 비밀까지 점점 더 많은 정보를 얻고 있지요. 제임스 웹 망원경을 통해 우리는 우주를 더 가까이 느낄 수 있답니다.

제임스 웹 망원경이 어떻게 생겼는지 궁금하다면 지금 바로 영상을 확인해 보아요.

## 2단계 자세히 신문 읽기

**나는야 세상 이야기를 들으면 신이 나는 신문 병아리 신아리**

## 기사에 구멍이 뽕뽕 뚫렸어.
## 빈칸에 알맞을 낱말을 써 기사를 완성해 줘.

- 2021년 12월 25일에 발사된 ☐☐☐☐ 망원경은 지구에서 약 150만km 떨어진 곳에 있어요.

- 허블 망원경은 30년 넘게 ☐☐☐, 초신성 같은 우주의 신비를 우리에게 보여 주었어요.

········● 정답 183쪽

**아리는 하고 싶은 말이 너무 많아**

## 지금까지 한 번도 관찰된 적 없는 머나먼 우주는 어떤 모습일까?

외계 생명체를 상상해도 좋아.
마음껏 상상하고 글이나 그림으로 표현해 봐!

## 3단계 놀면서 생각 쓰기

 **아리아리 신아리랑 색깔로 표현해 보자 무지개 쪽지**

# 우주를 생각하면 떠오르는 색깔을 골라 봐.

### '무지개 쪽지'란?

주제에 어울리는 색깔을 고르고, 왜 그 색깔을 골랐는지 적어 보는 거야.

아리는 우주를 생각하면
짙은 남색이 떠올라.
태양이 비치지 않는 곳은
밤처럼 어두울 테니까 말이야.

그리고 노란색과 빨간색이 섞인
화려한 빛깔도 떠올라.
별은 다양한 색으로 반짝거리잖아.

### 4단계 잠깐 쉬어 가기

아리와 함께 관찰력을 키워 보자 **틀린 그림 찾기**

## 아래의 두 그림에서 다른 부분을 찾아서 O 해 봐(5개).

······• 정답 183쪽

# 띵동, 배달 왔습니다!
# 조선 시대 배달 음식

ⓒ getty images bank

### 신아리의 오늘의 단어

**품위**

: 사람이 마땅히 갖추어야 할 태도와 성품을 뜻해요.

예) 입에 음식이 가득 든 채로 말하는 내 동생은 아무래도 품위가 없는 것 같아요.

　우리나라는 배달 음식 서비스가 매우 발달해 있어요. 배달 음식으로 유명한 짜장면, 피자, 치킨뿐만 아니라 샐러드나 빵도 집에서 편하게 배달시켜 먹을 수 있지요. 그런데 이러한 배달 음식 서비스는 과연 언제부터 존재했던 걸까요?

　역사를 거슬러 올라가 보면 조선 시대 때부터 배달 음식이 오고 갔다는 걸 알 수 있어요. 조선 시대의 대표적인 배달 음식으로는 냉면이 있지요. '과거 시험을 본 다음 날 점심에 사람들과 냉면을 시켜 먹었다'는 기록과 '순조가 신하들과 달구경을 하다가 냉면을 사 오라고 시켰다'는 기록을 역사서에서 찾아볼 수 있답니다.

　많은 음식 중 냉면이 배달 음식이 된 데는 특별한 이유가 있어요. 품위를 중요하게 생각했던 조선 시대 양반들은 냉면을 후루룩후루룩 먹는 모습이 품위에 어긋난다고 생각했어요.

　그래서 하인을 시켜 냉면을 사 오게 한 뒤 집에서 혼자 먹었다고 해요. 맛있는 냉면을 먹고 싶은 마음과 품위도 지키고 싶은 마음이 결국 배달로 이어진 것이지요.

　조선 시대의 또 다른 배달 음식으로 효종갱도 있어요. 효종갱은 '새벽종이 울리면 먹는 국'이라는 뜻으로, 된장을 푼 물에 배추속대, 콩나물, 송이버섯, 해삼, 소갈비 등을 넣고 오랫동안 끓여 만든 국이에요. 양반들은 아침 일찍 궁궐에 가기 전 효종갱을 배달시켜 먹었다고 해요.

조선 시대 배달 음식에 대해 영상을 통해 더 알아보아요.

2단계 **자세히 신문 읽기**

**나는야 세상 이야기를 들으면 신이 나는 신문 병아리 신아리**

### 좋아하는 배달 음식에 모두 O 해 봐.

피자　　　샐러드　　　김밥

빵　　치킨　　떡볶이　　짜장면

돈가스　　------

↳ 먹고 싶은 배달 음식이 있다면
여기에 직접 써 봐도 좋아.

**아리는 하고 싶은 말이 너무 많아**

### 만약 조선 시대의 왕에게 지금 시대의 음식을 배달한다면 어떤 음식을 배달하고 싶은지 적어 봐.

**3단계 놀면서 생각 쓰기**

 아리아리 신아리랑 두근두근 진실 게임 **진실 혹은 거짓**
**진실 사이에 거짓 숨겨 놓기! 거짓은 무엇?**

**'진실 혹은 거짓'이란?**

기사 내용을 참고해서 사실인 문장 3개와 거짓인 문장 1개를 만들어 봐.
그리고 가족 중 한 명에게 거짓인 문장을 찾아 보라고 하는 거야.
과연 찾을 수 있을까?

'조선 시대에도 배달 음식이 있었어요.'
아리아리 신아리가 만든 문장은 진실 혹은 거짓?

**아리와 함께 후루룩 신문 일기 쓰기**

우리 이제 신문 일기를 써 볼까?
'진실 혹은 거짓'에 적은 내용을 활용해도 좋아.

제목:

　　　　　　　　　　　　　　　　월　　　일　　　요일

**일기 쓰기를 도와주는 아리의 질문**

✎ 지구 어디에 있는 음식이든 우리 집으로 배달이 온다면 어떤 음식을 먹고 싶어?

✎ 배달 음식을 기다리는 동안 조선 시대 왕은 어떤 생각을 했을까?

✎ 기사를 읽은 후, 더 알아보고 싶은 점이 있니?

1단계 **신나는 신문 읽기**

5주차
DAY 6. 사회

월    일

# 한 모금 마셔 볼까?
## 물고기 우유

ⓒ getty images bank

신아리의
**오늘의 단어**

### 부패

: 단백질, 지방 같은 유기물이 미생물에 의해 분해되는 과정을 뜻해요. 부패가 되면 악취가 나고 독성 물질이 생겨요.

예 쓰레기장 옆을 지날 때마다 음식이 부패한 냄새가 나서 힘들어요.

　인도네시아에서 젖소 수가 줄어들어 우유 생산량이 떨어지자 이를 해결하기 위해 기발한 우유를 만들었어요. 바로 물고기로 우유를 만든 거예요.
　물고기 우유를 마신 사람들은 "일반 우유와 맛이 똑같아.", "생선 냄새가 나서 불쾌해." 등 저마다 다른 반응을 보였어요. 물고기 우유는 어떻게 만들어지는 걸까요?
　물고기로 우유를 만들기 위해서는 몇 가지 과정을 거쳐요. 우선 공장에서 생선 뼈를 제거해 살만 분리해 내요. 그 후 살코기를 건조시켜서 하얀 가루로 만든 뒤, 설탕을 더하고 적당량의 물을 넣으면 물고기 우유가 완성돼요. 여기에 딸기나 초콜릿 같은 향료를 넣어 맛을 내기도 하지요.
　인도네시아 정부는 물고기 우유에 단백질이 많다는 점을 큰 장점으로 내세우고 있어요. 물고기 우유는 동남아시아의 학교 급식 메뉴에도 오르고 있답니다.
　하지만 물고기 우유에는 단점도 있어요. 물고기로 만들어졌기 때문에 쉽게 부패한다는 점, 설탕 등 몸에 안 좋은 인공 감미료를 넣어 만든다는 점, 생선 냄새를 완전히 없애지 못해 마실 때 비린내가 날 수도 있다는 점 등이지요.
　과연 물고기 우유가 일반 우유의 자리를 완벽히 대신할 수 있을지 많은 사람의 관심이 집중되고 있어요.

인도네시아에서 만든
물고기 우유를 영상으로 만나 보아요.

2단계 **자세히 신문 읽기**

나는야 세상 이야기를 들으면 신이 나는 신문 병아리 신아리
**물고기 우유를 마신다면 나는 어떤 표정을 지으며 무슨 말을 할까?**

헤헤 못 맞힐걸?
**설명을 읽고 어떤 낱말인지 맞혀 봐.**

힌트! 기사에 있는 낱말이야.

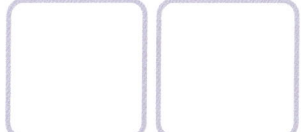

ㄱㅅ

식사를 공급함

ㅅㅌ

맛이 달고
물에 잘 녹는 결정체를
뜻하는 말

ㅎㄹ

향기를 내는 데
쓰는 물질

········● 정답 183쪽

147

# 3단계 놀면서 생각 쓰기

**아리아리 신아리랑 마음껏 상상해 보자 무엇이든 상점 안내판**

## 무엇이든 파는 상점이 있다면 어떤 것들을 팔까?

### '무엇이든 상점 안내판'이란?

무엇이든 상점에서는 상상력을 발휘해서 무엇이든 만들어 팔 수 있어.
물고기로 우유를 만든 것처럼 말이야.
상점에서 판매 중인 것들의 이름과 설명을 써 봐.

---

### ★ 무엇이든 상점 안내판 ★

**설탕 라면**
후루룩 한입 먹으면 달콤한 맛이 입안 가득 퍼지는 라면.
맵고 짠 라면 대신 달콤한 라면을 맛보아요.

## 4단계 나도 신문 기자

**아리와 함께 후루룩 신문 일기 쓰기**

우리 이제 신문 일기를 써 볼까?
아리의 질문에 대한 답을 적어도 좋아.

제목:

월    일    요일

 **일기 쓰기를 도와주는 아리의 질문**

- 기사를 읽기 전, 기사 제목을 봤을 때 어떤 생각이 들었어?
- 물고기 말고 다른 재료로 우유를 만든다면 무엇을 넣고 싶니?
- 만약 오늘 급식에 물고기 우유가 나온다면 어떨까?

# 1단계 신나는 신문 읽기

5주차
DAY 7. 동기 부여

월    일

# 두들 보이
## 낙서로 꿈을 키우다

### 신아리의 오늘의 단어

## 의뢰

: 남에게 부탁한다는 뜻이에요.

예) 아빠는 집을 엉망으로 만든 범인이 누구인지 알아내기 위해 탐정에게 **의뢰**해야겠다고 말했어요.

　누구나 한 번쯤은 마음속에 떠오른 것을 작은 종이에 자유롭게 끄적이며 낙서한 경험이 있을 거예요.

　영국에 사는 소년 조 웨일은 낙서를 정말 좋아했어요. 수업 시간에도 항상 낙서를 했지요. 선생님들은 조를 꾸짖으며 낙서를 그만하라고 말했지만, 조는 낙서를 멈추지 않았어요. 낙서할 때 조는 정말 행복했으니까요. 낙서를 좋아하는 조는 '두들 보이(Doodle boy)'라는 별명까지 얻었어요. 영어로 'Doodle'은 낙서를 뜻하지요.

　개성 넘치는 조의 낙서는 SNS를 통해 점차 큰 관심을 받기 시작했어요. 덕분에 조는 영국 윌리엄 왕자 부부의 **의뢰**를 받고 기차 여행 그림을 그리기도 하고, 어린이책 그림 작가로 활동하기도 했어요. 또한 유명한 스포츠 브랜드인 나이키에서 조에게 함께 일하자는 제안도 했지요.

　조는 그림을 그릴 때 계획 없이 자기의 느낌대로 그린다며 이렇게 덧붙였지요.

　"누군가 내게 뭔가 잘못 그렸다고 하면, 나는 원래 그리고 싶은 걸 그렸을 뿐이라고 말해요. 누가 뭐래도 나는 내가 보여 주고 싶은 걸 그려요!"

　조는 다른 아이들 역시 자유롭게 자기의 느낌에 따라 그림을 그리도록 응원하고 있어요.

　여러분도 혼자만의 상상 속 세계를 낙서로 표현해 보거나 지금 떠오르는 느낌을 자유롭게 그려 보세요. 낙서할 때 행복하다고 하는 조의 기분을 느낄 수 있을 거예요.

낙서를 좋아하는 소년, 조 웨일의 작품을 영상으로 만나 보아요.

**2단계 자세히 신문 읽기**

**아리는 재밌는 걸 좋아해**

**스케치북을 나만의 낙서로 가득 채워 봐.**

**나는야 세상 이야기를 들으면 신이 나는 신문 병아리 신아리**

**오늘 배운 '의뢰'라는 단어를 사용해서 문장을 만들어 봐.**

장난감을 어디에 두었는지 기억이 안 나.
기억력이 좋은 내 동생한테 의뢰해서 장난감을 찾아 달라고 할 거야.

## 3단계 놀면서 생각 쓰기

**아리아리 신아리랑 즐거운 추억을 떠올려 보자 추억이 방울방울**

**낙서할 때 행복을 느끼는 두들 보이처럼,
생각만 해도 웃음이 나는 기억을 떠올려 봐.**

### '추억이 방울방울'이란?

사진 속 한 장면처럼 머릿속에 떠오르는 즐거운 추억을 적거나 그려 보는 거야.

언니랑 신나게 춤을 췄어요.

# 4단계 잠깐 쉬어 가기

**집중력 쑥쑥! 아리와 함께 숨은 단어 찾기**

아리가 글자판에서 단어를 찾고 있어.
단어에 대한 설명을 읽고 글자판에서 찾아 O로 묶어 봐(8개).

| 드 | 득 | 망 | 원 | 경 | 분 | 등 | 록 | 포 |
|---|---|---|---|---|---|---|---|---|
| 서 | 라 | 댕 | 동 | 장 | 소 | 내 | 택 | 기 |
| 래 | 동 | 이 | 타 | 기 | 증 | 파 | 수 | 후 |
| 학 | 냉 | 동 | 아 | 화 | 장 | 격 | 실 | 플 |
| 회 | 상 | 면 | 설 | 이 | 테 | 적 | 무 | 레 |
| 맞 | 프 | 식 | 박 | 초 | 스 | 릿 | 허 | 이 |
| 좋 | 낙 | 서 | 하 | 다 | 콜 | 후 | 물 | 션 |
| 말 | 은 | 품 | 주 | 누 | 폭 | 블 | 달 | 배 |
| 재 | 냄 | 건 | 조 | 새 | 탕 | 우 | 기 | 고 |

① **드라이아이스**
이산화 탄소를 차갑게 식혀 만든 흰색의 고체를 말해요. 냉동식품을 보관할 때 주로 사용해요.

② **파격적**
일정한 격식을 깨트리는 것을 뜻해요. 벽에 붙인 바나나가 미술 작품이라니, 정말 파격적이죠?

③ **기후플레이션**
기후 변화로 농작물 생산이 줄어 식료품값이 상승하는 현상을 뜻하는 말이에요.

④ **폭우**
갑자기 세차게 쏟아지는 비를 뜻해요.

⑤ **망원경**
두 개 이상의 볼록 렌즈를 통해 멀리 있는 물체를 크고 정확하게 보도록 만든 장치예요.

⑥ **냉면**
차게 해서 먹는 국수를 말해요.
조선 시대 때 양반들은 냉면을 배달시켜 먹었어요.

⑦ **낙서하다**
글자나 그림을 장난으로 아무 데나 쓰는 행동을 말해요. 조 웨일은 낙서를 정말 좋아하는 소년이에요.

⑧ **건조**
물기나 습기가 말라서 없는 상태를 뜻해요.

········· 정답 183쪽

1단계 신나는 신문 읽기

6주차
DAY 1. 역사

월    일

# 조선의 슈퍼히어로
## 무예 24기를 훈련하다

ⓒ 수원특례시청

 신아리의
**오늘의 단어**

## 고유

: 본래부터 가지고 있는 독특한 것을 뜻해요.

예) 한복을 입을 때마다 우리 민족 고유의 정신이 전해지는 것 같아요.

    조선 시대에도 슈퍼히어로와 같은 능력을 가진 군사들이 있었다는 사실을 알고 있나요? 이 군사들이 배운 특별한 기술, '무예 24기' 덕분이지요.
    무예 24기는 나라를 지키기 위해 만들어진 24가지 무술 기술로 《무예도보통지》라는 책에 실려 있어요. 칼, 창, 활 같은 무기를 다루는 법부터 맨손으로 싸우는 기술까지 다양하게 기록되어 있지요. 조선 시대 때 한양 도성과 수원 화성에 주둔하며 가장 강한 부대로 명성을 날렸던 '장용영'이라는 부대의 군사들이 주로 무예 24기를 익혔다고 해요.
    무예 24기는 단순히 싸우는 기술만 알려 주는 것이 아니에요. 조선의 군사들은 이 기술을 배우며 힘과 용기, 강한 정신력까지 키웠지요.
    기록을 살펴보면 무예 24기는 조선 후기에 완성되었다고 해요. 임진왜란을 겪으면서 무예의 중요성을 절실히 느낀 조선은 우리 고유의 무술뿐만 아니라 중국과 일본의 우수한 무술도 적극적으로 받아들여 24개 기술을 정리했어요. 그렇게 해서 탄생한 것이 바로 무예 24기랍니다.
    무예 24기의 대표적인 기술로는 긴 창을 다루는 장창술, 양손에 칼을 들고 싸우는 쌍검술, 두 개의 곤봉을 쇠사슬로 연결한 편곤을 휘둘러 적을 제압하는 편곤술 등이 있어요. 조선의 군사들은 이러한 기술들을 철저히 훈련하여 전쟁에 대비했어요.
    무예 24기는 지금까지도 이어져 내려오고 있어요. 무예 24기를 배운다면 조선 시대 군사들의 용기와 지혜를 전해 받을 수 있을 거예요.

무예 24기의 시범 공연을 보고 싶다면
지금 바로 영상을 살펴보아요.

2단계 **자세히 신문 읽기**

나는야 세상 이야기를 들으면 신이 나는 신문 병아리 신아리

**재미있는 수수께끼 시간! 질문을 읽고 알맞은 답을 골라 봐.**

1. 무예 24기가 완성된 시기는?     조선 전기   조선 후기

2. 조선 시대 때 한양과 수원에 주둔하며 무예 24기를 익혔던 부대는?     장용영   별군

3. 무예 24기의 대표적인 기술 중 하나는?     장창술   마술

········ 정답 183쪽

아리는 하고 싶은 말이 너무 많아

**몸과 마음을 지키는 나만의 기술 세 가지를 적어 봐.**

아리의 세 가지 기술 중 한 가지는 바로 몸에 좋은 음식 먹기!
젤리와 사탕을 먹고 싶어도 꾹 참는 게 중요해.

# 3단계 놀면서 생각 쓰기

아리아리 신아리랑 꼬리에 꼬리를 무는 신문 내용 정리 시간 꼬꼬신
## 신문 기사에서 중요한 내용을 떠올려 봐.

### '꼬꼬신'이란?

꼬리에 꼬리를 무는 신문, 꼬꼬신!
신문 기사의 내용을 차례대로 정리해 보는 거야.

파란색 부분만 바꿔서 써 봐.
멋진 문장을 만들 수 있어.

무예 24기는 이런 사람들이 배우던 무술이었어요.

무예 24기는 이런 이유로 만들어졌어요.

무예 24기의 대표적인 기술은 이런 것들이에요.

4단계 **나도 신문 기자**

아리와 함께 후루룩 신문 일기 쓰기

**우리 이제 신문 일기를 써 볼까?
'꼬꼬신'에 적은 내용을 활용해도 좋아.**

제목:

월    일    요일

 일기 쓰기를 도와주는 아리의 질문   이 질문에 대한 답을 연결해서 일기로 적어 보아도 좋아.

- 조선 시대 군사들은 무예 24기를 익히며 어떤 생각을 했을까?
- 무예 24기만큼 강한 나만의 기술을 개발한다면, 어떤 기술을 개발하고 싶니?
- 무예 24기를 배운 사람을 만난다면 어떤 질문을 하고 싶어?

# 공중을 달리는 기차
## 자기 부상 열차

ⓒ 인천 국제공항

**신아리의 오늘의 단어**

## 마찰

: 두 물체가 서로 닿아 비벼지는 상황을 뜻해요.

예) 무거운 택배 상자를 끌고 왔더니 마찰 때문에 상자 아랫부분이 찢어졌어요.

'부상'도 찾아봐야지.

공중에 뜬 채로 달리는 특별한 기차가 있어요. 바로 자기 부상 열차예요. 보통 기차는 바퀴가 레일 위를 구르면서 앞으로 나아가지만, 자기 부상 열차는 레일 위에 뜬 채로 달리지요.

이렇게 신기한 현상이 가능한 이유는 자기 부상 열차가 자석의 성질을 이용해 만들어졌기 때문이에요. N극과 S극이라는 두 개의 극을 가진 자석은 같은 극끼리는 밀어내고, 다른 극끼리는 끌어당기는 성질이 있어요. 자기 부상 열차는 자석의 '같은 극끼리 밀어내는 힘'을 이용해 레일 위를 붕 뜬 채로 달린답니다.

바퀴와 레일이 맞닿는 **마찰**이 일어나지 않기 때문에 자기 부상 열차는 일반 열차보다 훨씬 빠르고 조용히 달릴 수 있어요. 게다가 화석 연료를 사용하지 않아 환경 오염도 줄일 수 있지요. 세계 곳곳에서 자기 부상 열차를 미래 교통수단으로 주목하고 있는 이유예요.

우리나라를 포함한 독일, 일본, 미국, 중국 등 여러 나라에서 더 빠르고 편리한 자기 부상 열차를 개발하기 위해 노력하고 있어요. 우리나라의 인천 국제공항에서도 몇 년 전까지 자기 부상 열차를 운행했지요. 적자 등의 이유로 지금은 운행이 중단되었지만, 언젠가 다시 쌩쌩 빠르게 달릴 자기 부상 열차를 많은 사람이 기다리고 있답니다.

인천 국제공항에서 운행되었던 자기 부상 열차를 영상과 함께 만나 보아요.

2단계 **자세히 신문 읽기**

**나는야 세상 이야기를 들으면 신이 나는 신문 병아리 신아리**
**기사를 읽고 중요한 내용을 메모할 거야. 빈칸을 채워 완성해 줘.**

## <기사 메모>

- 자기 부상 열차는 ☐☐ 의 '같은 극끼리 밀어내는 힘'을 이용해 레일 위를 붕 뜬 채로 달려요.

- 자기 부상 열차는 ☐☐ ☐☐ 를 사용하지 않아 환경 오염을 줄일 수 있어요.

········• 정답 183쪽

**아리는 하고 싶은 말이 너무 많아**
**강한 힘을 가진 거대한 자석 두 개가 생긴다면 무엇을 하고 싶어?**

자석은 같은 극끼리 밀어내고 다른 극끼리 끌어당기는 성질이 있어.
쇠로 된 물체를 끌어당기기도 해. 자석의 성질을 생각하며 적어 봐!

3단계 놀면서 생각 쓰기

아리아리 신아리랑 재미있게 어휘 공부하자 똑똑 단어 카드

## 세상에 오직 하나, 나만의 단어 카드를 만들어 봐.

**'똑똑 단어 카드'란?**

기사의 내용에서 중요한 단어를 고르고,
그림을 그리고 단어가 들어간 문장도 적어 카드로 만드는 거야.

### 자기 부상 열차

자기 부상 열차는 자석의 성질을 이용해 달리는 열차예요.

4단계 **나도 신문 기자**

아리와 함께 후루룩 신문 일기 쓰기

**우리 이제 신문 일기를 써 볼까?
'똑똑 단어 카드'에 적은 내용을 활용해도 좋아.**

제목:

월    일    요일

일기 쓰기를 도와주는 아리의 질문

- 기사를 읽기 전, 기사 사진과 제목을 봤을 때 어떤 생각이 들었니?
- 자기 부상 열차를 한 문장으로 설명한다면 뭐라고 표현하고 싶어?
- 기사를 읽은 후, 새롭게 알게 된 점이나 궁금한 점이 있니?

6주차
DAY 3. 사회

월    일

# 석기 시대의 모습을 간직한 센티널족

실제 센티널족 모습은 미국 '내셔널 지오그래픽'에서 확인할 수 있어요.

신아리의
**오늘의 단어**

## 고립

: 다른 사람과 어울려 사귀지 않거나 도움을 받지 않고 혼자 떨어져 있는 상태를 뜻해요.

예) 독감에 걸려서 며칠 동안 고립된 생활을 했어요.

    2025년인 지금, 우리는 인공 지능(AI)과 대화하고 로봇이 우리를 대신해 여러 가지 일을 해 주는 시대에 살고 있어요. 그런데 세상 어딘가에는 여전히 돌로 만든 창과 화살을 들고 살아가는 사람들이 있어요. 바로 인도양의 외딴섬인 북센티널섬에 사는 센티널족이에요.

    센티널족이 어떻게 생활하는지는 알려진 바가 많지 않아요. 학자들은 그들이 농사를 짓는 대신 물고기나 야생 동물을 사냥하고, 정글에서 열매를 따 먹으며 생활할 거라고 말해요. 이러한 모습은 마치 수백만 년 전 구석기 시대의 인류를 떠오르게 하지요.

    센티널족은 지금까지 외부 사람들과 거의 만난 적이 없어요. 몇몇 탐험대가 센티널족에게 다가가려 했지만, 그때마다 센티널족은 화살을 쏘며 강하게 거부했지요.

    이들은 오랜 세월 동안 고립된 생활을 했기 때문에 감기와 같은 질병에 취약해요. 우리에게는 흔한 병이라도 센티널족에게는 목숨을 앗아 가는 큰 병일 수 있어요. 그래서 섬 반경 5km 안으로는 아무도 들어갈 수 없게 법으로 보호하고 있답니다.

    하지만 얼마 전, 한 외국 유튜버가 법을 어기고 섬에 몰래 들어갔다가 경찰에 붙잡혔어요. 이런 일은 센티널족에게 큰 위협이 될 수 있어서 조심해야 해요.

    센티널족은 오래전 인류의 생활 방식을 간직한 부족이에요. 많은 학자가 이들의 문화를 인류의 유산으로 여기며, 그들의 선택을 존중하고 보호해야 한다고 주장하고 있어요.

**나는야 세상 이야기를 들으면 신이 나는 신문 병아리 신아리**

## 기사가 뒤죽박죽되었어! 다시 순서대로 바로잡아 줘.

① 센티널족은 오랜 세월 동안 고립된 생활을 했기 때문에 감기와 같은 질병에 취약하다.

② 하지만 얼마 전, 한 외국 유튜버가 법을 어기고 섬에 몰래 들어갔다가 경찰에 붙잡혔다.

③ 섬 반경 5km 안으로는 아무도 들어갈 수 없게 법으로 보호하고 있다.

······● 정답 184쪽

**아리는 궁금한 게 너무 많아**

## 센티널족의 일기를 읽은 후, 틀린 단어에 X 하고 바르게 고쳐 봐(3개).

**8월 10일, 비가 주룩주룩 오는 날**

오늘은 친구들과 사냥을 하기로 했다. 그런데 숲속에 들어가자마자 비가 세차게 쏟아졌다. 열심히 멧돼지의 흔적을 찾아 봤지만 빗물에 발자국이 몽땅 지워져서 도저히 사냥을 할 수가 없었다. 나는 한숨을 푹 내시며 친구들과 함께 집에 돌아왔다.

①

②

③

······● 정답 184쪽

## 3단계 놀면서 생각 쓰기

 아리아리 신아리랑 마음껏 말해 보자 거침없이 야호
### 센티널족이 나를 만나면 무슨 말을 할까?

> **'거침없이 야호'란?**
>
> 기사 속 주인공이 되어 하고 싶은 말을 거침없이 들려주는 거야.
> 문장을 시작할 때는 '하고 싶은 말이 있어.'로 시작하기!

나는 센티널족 아저씨야.
너희는 우리 센티널족이 특별한
기술도 없고 문화도 없는 원시인이라고
생각할지도 모르지만, 그렇지 않아.
센티널족에 대해 잘못 알고 있는
너희에게 꼭 하고 싶은 말이 있어.

하고 싶은 말이 있어.

하고 싶은 말이 있어.

### 4단계 잠깐 쉬어 가기

 **아리와 함께 눈을 동그랗게 뜨고 찾아 보자! 숨은 물건 찾기**

센티널족이 정글을 탐험하고 있어.
정글 곳곳에 숨은 물건을 찾아서 O 해 보자(5개).

〈숨은 물건〉

......... 정답 184쪽

# 우리나라 배구의 전설
## 김연경 선수

© getty images Korea

**신아리의 오늘의 단어**

### 활약

: 활발히 활동하는 것을 말해요.

예) 나는 축구 경기에서 골을 넣으며 크게 활약했어요.

얼마 전, 우리나라 배구의 전설인 김연경 선수가 지난 21년 동안의 선수 생활을 마치고 은퇴했어요. 마지막 경기에서도 소속 팀을 우승으로 이끌며 팬들의 큰 박수를 받았지요.

어린 시절, 키가 작았던 김연경 선수는 "그 정도 키로는 공격수가 되기 힘들어."라는 말을 자주 들었어요. 하지만 포기하지 않고 오히려 더 열심히 연습했어요. '왜 안 돼? 하면 되지!' 하고 생각하면서요.

사춘기를 지나면서 키가 훌쩍 자란 김연경 선수는 수비수에서 공격수로 역할을 바꾸었어요. 덕분에 수비와 공격 실력을 두루 갖춘 최고의 선수가 될 수 있었지요.

김연경 선수는 여기에 그치지 않고 한국 여자 배구 선수 최초로 해외 리그에 진출했어요. 일본, 튀르키예 등 다양한 나라에서 큰 활약을 펼쳤지요.

또한 김연경 선수는 새로운 언어를 배우는 걸 주저하지 않고 동료들과 소통하며 팀을 우승으로 이끌었어요. 세계 팬들은 이러한 김연경 선수를 보며 '퀸 연경'이라며 찬사를 아끼지 않았어요.

국가대표로도 활동했던 김연경 선수는 어려운 순간마다 지친 동료들에게 힘을 불어넣었어요. 특히 도쿄 올림픽에서는 치열한 대결로 지친 동료들에게 "해 보자, 해 보자! 후회하지 말고!"라고 말하며 용기를 북돋았어요.

배구계의 전설이 된 김연경 선수, 이제는 그녀의 은퇴를 많은 사람이 뭉클한 마음으로 축하하고 있답니다.

도쿄 올림픽에서 김연경 선수가 경기하는 장면을 영상으로 살펴보아요.

2단계 **자세히 신문 읽기**

**아리는 재밌는 걸 좋아해**

**김연경 선수의 은퇴를 축하하는 꽃다발을 만들어 봐.**

꽃다발을 예쁘게 꾸미고 카드도 써 봐.
김연경 선수에게 어떤 말을 전하고 싶어?

**나는야 세상 이야기를 들으면 신이 나는 신문 병아리 신아리**

**나에게 "그 정도로는 꿈을 이루기 힘들어."라고 말하는 사람이 있다면 어떤 말을 해 주고 싶을 것 같니?**

### 3단계 놀면서 생각 쓰기

**아리아리 신아리랑 칭찬 듬뿍 해 보자 칭찬 소나기**

## 김연경 선수에게 해 주고 싶은 말을 모두 찾아서 적어 봐.

**'칭찬 소나기'란?**

하늘에서 소나기가 쏟아지듯, 기사 속 주인공에게 아낌없이 칭찬을 많이 해 주는 거야.

- 배구의 전설이 된 당신은 정말 위대해요.
- 당신은 세계에서 가장 멋진 배구 선수예요.
- 공격도 수비도 잘하는 당신은 최고예요.
- 포기하지 않은 당신을 본받고 싶어요.
- 당신의 앞날을 계속해서 응원할게요.
- 해외 리그에도 도전한 당신은 대단해요.
- 당신은 강인한 사람이에요.
- 당신은 훌륭해요.
- 당신의 삶은 최고예요.

 새로운 칭찬도 환영이야!

4단계 **나도 신문 기자**

아리와 함께 후루룩 신문 일기 쓰기

**우리 이제 신문 일기를 써 볼까?
아리의 질문에 대한 답을 적어도 좋아.**

제목:

월    일    요일

  일기 쓰기를 도와주는 아리의 질문

- 21년 만에 은퇴하는 김연경 선수의 마음은 어떨까?
- 김연경 선수는 힘든 시합을 할 때 어떤 생각을 하며 경기에 임했을까?
- 김연경 선수에 대해 궁금한 점이 있어?

6주차
DAY 5. 역사

월    일

# 검투사 VS 사자
## 전설이 아니라 사실이라고?

로마 콜로세움에서 사자와 싸우는 검투사 ⓒ Wikimedia Commons

### 신아리의 오늘의 단어

## 검투사

: 칼을 가지고 맞붙어 싸우는 사람을 뜻해요.

예) 내 동생은 마치 검투사가 된 것처럼 장난감을 휘둘렀어요.

사자와 치열한 대결을 펼치는 사람에 대해 들어 본 적 있나요? 고대 로마에서 검투사들이 사자나 호랑이 같은 사나운 동물과 결투를 벌이곤 했다는 이야기는 오래전부터 전해져 왔어요. 그 모습을 그린 그림이나 조각, 기록도 많이 남아 있고요. 하지만 실제로 그런 일이 있었는지에 대한 명확한 증거는 그동안 없었지요.

그런데 최근 영국에서 검투사와 맹수의 대결이 사실이었다는 것을 뒷받침할 결정적인 증거가 발견되었어요. 고대 로마에 살았던 검투사로 추측되는 한 남성의 유골에서 맹수에게 물린 자국이 확인된 거예요.

발견된 엉덩이뼈에는 동물의 이빨 자국이 선명하게 남아 있었어요. 연구 팀은 잇자국을 여러 동물의 이빨 자국과 비교했어요. 그 결과 사자에게 물렸을 가능성이 가장 높은 것으로 밝혀졌지요.

사망 당시 이 남성은 26세에서 35세 사이였을 것으로 추정되며, 물린 상처가 치유되지 않은 모습으로 보아 이 상처 때문에 생명을 잃었을 확률이 높다고 해요.

이번 연구를 이끈 톰슨 교수는 이렇게 말했어요. "이번 발견은 로마 시대의 오락 문화가 얼마나 무서웠는지 보여 줍니다. 이러한 문화가 고대 로마 지역을 넘어 영국까지 널리 확산됐다는 사실도 확인할 수 있지요."

검투사와 맹수의 결투가 실제로 벌어졌던 일임을 보여 주는 이번 발견은 고대 로마 사람들의 문화를 이해하는 데 큰 도움을 주고 있어요.

검투사와 맹수의 결투가 사라진 이유는 무엇일까? 곰곰이 생각해 보고 자유롭게 말해 봐!

2단계 **자세히 신문 읽기**

나는야 세상 이야기를 들으면 신이 나는 신문 병아리 신아리

**기사에 구멍이 뽕뽕 뚫렸어.
빈칸에 알맞은 낱말을 써 기사를 완성해 줘.**

• 영국에서 검투사와 ☐☐ 의 대결이 사실이었다는 것을 뒷받침할 결정적인 증거가 발견되었어요.

• 발견된 엉덩이뼈에는 동물의 ☐☐ 자국이 선명하게 남아 있었어요.

······· 정답 184쪽

아리는 하고 싶은 말이 너무 많아

**휘두르면 좋은 일이 생기는 특별한 검이 있다면 어떤 모습일까?**

검의 이름

검을 휘두르면 생기는 일

검의 모습을 상상해서 그려 봐!

171

# 3단계 놀면서 생각 쓰기

 아리아리 신아리랑 신나게 놀아 보자 끝없이 이어지는 버블버블 생각 주머니
### 한계란 없어! 기사를 읽고 자유롭게 생각을 떠올려 봐.

**'버블버블 생각 주머니'란?**

기사를 읽고 나서 떠오르는 생각을 모두 다 적어 보는 거야.

**신아리의 버블버블 생각 주머니**

이게 사실이라고?
이빨 자국   우리나라에도 있었을까?
맹수  대결  **검투사**  무서워
사라져서 다행이다!  콜로세움  사자
나라면 도망칠 듯

**＿＿＿의 버블버블 생각 주머니**

**TIP!** 버블버블 생각 주머니 적는 꿀팁! '이런 것을 적어도 될까?'라는 생각은 절대 하지 않기! 무엇이든 다 좋아! 마음껏 적어 봐.

4단계 나도 신문 기자

**아리와 함께 후루룩 신문 일기 쓰기**

우리 이제 신문 일기를 써 볼까?
'버블버블 생각 주머니'에 적은 내용을 활용해도 좋아.

제목:

　　　　　　　　　　　　　　　월　　　일　　　요일

 **일기 쓰기를 도와주는 아리의 질문**

✐ 기사를 읽기 전, 기사 제목과 사진을 봤을 때 어떤 느낌이 들었어?

✐ 만약 사자와 대결을 해야 하는 검투사가 된다면 어떻게 할 거야?

✐ 기사를 읽은 후, 새롭게 알게 된 점이나 궁금한 점이 있니?

6주차
DAY 6. 과학

월    일

# 내 얼굴에 진드기가 산다고?
# 모낭충

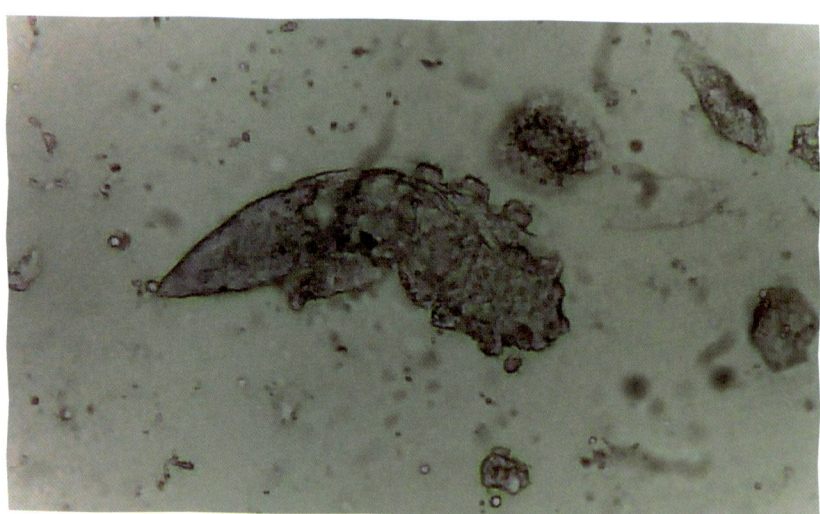

현미경으로 본 모낭충 ⓒ Wikimedia Commons

신아리의
**오늘의 단어**

## 청결

: 맑고 깨끗하다는 뜻이에요.

예) 화장실에 다녀온 후에는 반드시 손을 씻어야 청결을 유지할 수 있어요.

'번식'도 찾아봐야지.

우리 얼굴에 아주 작은 진드기가 살고 있다는 사실을 알고 있나요? 거울을 봐도 안 보이고 만져도 느껴지지 않지만, 거의 모든 사람의 얼굴에는 '모낭충'이라는 진드기가 살고 있어요. 유아기를 지나면 보통 모낭충과 함께 살기 시작하지요. 우리도 모르는 새 말이에요.

모낭충은 크기가 약 0.3mm로 매우 작아 현미경으로만 관찰할 수 있어요. 이렇게 작디작은 모낭충은 우리 얼굴의 모낭 속에 숨어 살아요. 모낭이란 머리카락이나 털이 자라는 작고 깊은 주머니로, 피부 안쪽에 있어요.

모낭충은 낮 동안 모낭 속에 꼭꼭 숨어 있다가 밤이 되면 밖으로 나와 짝짓기를 해요. 피부에서 분비되는 멜라토닌이라는 호르몬을 이용해 밤 동안에 활발하게 움직인답니다.

대개 모낭충은 우리 몸에 해를 끼치지 않아요. 오히려 모낭충이 죽은 세포나 피지를 먹기 때문에 피부를 깨끗하게 유지해 주기도 해요. 피부의 청소부 역할을 하는 셈이에요.

다만 제대로 씻지 않아서 모낭충이 과도하게 번식하여 수가 많아지면 여드름과 같은 피부병이 생길 수도 있어요.

매일 깨끗하게 세수하여 청결을 유지하는 습관을 길러 보세요. 그러면 모낭충의 숫자가 늘까 봐 걱정하는 일은 없을 거예요.

피부 속에 사는 진드기,
모낭충에 대해 더 알아보고 싶다면
영상을 확인해 보아요.

## 2단계 자세히 신문 읽기

**나는야 세상 이야기를 들으면 신이 나는 신문 병아리 신아리**

**모낭충과 '털'을 뜻하는 한자 '毛'를 따라 써 보자.**

'털'이라는 뜻을 가진 모 + '주머니'라는 뜻을 가진 낭 + '벌레'라는 뜻을 가진 충
= 털 주머니에 사는 벌레 모낭충

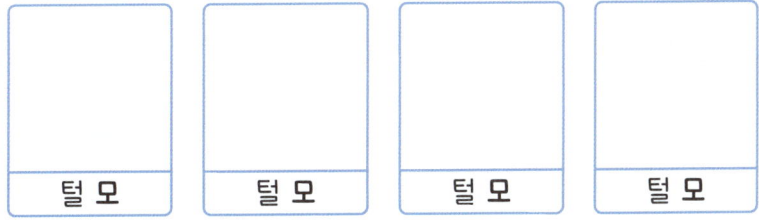

**아리는 하고 싶은 말이 너무 많아**

**내 얼굴에 살고 있는 모낭충에게 하고 싶은 말이 있다면 적어 봐.**

아리는 모낭충에게 이렇게 말할 거야.
"잠깐만 내 피부에서 나가 줘!"

## 3단계 놀면서 생각 쓰기

아리아리 신아리랑 신나게 놀아 보자 키득키득 상상 공장

**엉뚱해도 좋아. 상상력을 뭉게뭉게 부풀려 봐.**

### '키득키득 상상 공장'이란?

현실에서는 일어날 수 없는 일을 마음껏 상상해서 글을 써 보는 거야.

어느 날 갑자기 아주 작은 것까지 볼 수 있는 능력이 생겼어.
이럴 수가! 내 얼굴을 봤더니 이런 게?

눈을 떠 보니 모낭충이 되어 버린 나. 누구의 얼굴에 살고 싶어?
그 이유도 말해 줘.

모낭충의 반란! 더 이상 모낭 속에 숨어 살 수 없다고
내 몸의 다른 곳으로 이사를 갈 거래. 어떻게 하면 좋을까?

4단계 **나도 신문 기자**

아리와 함께 후루룩 신문 일기 쓰기

**우리 이제 신문 일기를 써 볼까?
'키득키득 상상 공장'에 적은 내용을 활용해도 좋아.**

제목:

월    일    요일

 **일기 쓰기를 도와주는 아리의 질문**

- 기사를 읽기 전, 기사 제목과 사진을 봤을 때 어떤 느낌이 들었어?
- 모낭충에 대해 더 알아보고 싶은 점이 있니?
- 모낭충과 관련된 재미있는 상상을 한다면, 어떤 이야기를 만들 수 있을까?

# 드디어 공개된 신비의 동물
## 라이엘산뒤쥐

### 생물 다양성

: 지구에 다양한 생물들이 함께 어우러져 살아가는 것을 뜻해요.

예) 숲에 있는 여러 종류의 딱정벌레를 관찰하며 **생물 다양성**을 배웠어요.

 한 번도 사진으로 찍힌 적 없던 신비한 동물 라이엘산뒤쥐가 드디어 카메라에 담겼어요. 라이엘산뒤쥐는 1902년에 처음 발견되었지만 여태 한 장의 사진도 남아 있지 않았어요. 2~3시간마다 먹지 않으면 굶어 죽기 때문에 움직임이 매우 날렵하고, 어두운 땅속에서만 살아서 쉽게 만날 수 없거든요.

 그런데 최근 베일에 싸인 이 동물을 사진으로 남기기 위해 캘리포니아대 학생 3명이 탐험을 떠났어요. 학생들은 개울과 습지가 있는 곳에 150개의 작은 구멍을 파고 밀웜을 미끼로 넣었어요. 그 후 2시간마다 함정을 확인하며 라이엘산뒤쥐가 잡히길 기다렸답니다.

 마침내 학생들은 라이엘산뒤쥐를 잡는 데 성공했어요. 그들은 세계 최초로 라이엘산뒤쥐의 사진과 영상을 찍고, 몸길이를 정확하게 쟀어요.

 라이엘산뒤쥐의 몸길이는 약 10cm, 몸무게는 3g 정도로 매우 작은 편에 속했어요. 학생들은 촬영을 마친 후 라이엘산뒤쥐를 원래 살던 곳으로 돌려보냈어요.

 과학자들은 기후 변화로 인해 2080년까지 라이엘산뒤쥐 서식지의 최대 89%가 사라질 수도 있다고 경고해요. 캘리포니아에서는 라이엘산뒤쥐를 특별 관심종으로 정해 보호하고 있지요.

 사진을 찍은 학생은 "**생물 다양성**이 빠르게 줄어드는 지금, 사라져 가는 생물들을 기록하는 일은 매우 중요합니다."라고 말했어요.

움직이는 라이엘산뒤쥐를 보고 싶다면 지금 바로 영상을 확인해 보아요.

## 2단계 자세히 신문 읽기

**나는야 세상 이야기를 들으면 신이 나는 신문 병아리 신아리**

**신나는 선 잇기 시간! 질문에 알맞은 답을 찾아 선을 이어 봐.**

① 라이엘산뒤쥐는 언제 처음 발견되었나요?

② 학생들이 라이엘산뒤쥐를 잡기 위해 구멍에 미끼로 넣은 것은?

밀웜

1902년

달팽이

1802년

······· 정답 184쪽

**아리는 재밌는 걸 좋아해**

**한 번도 사진으로 찍힌 적 없는 신비한 무엇인가가 내 카메라에 담겼어. 무엇이 찍혔을지 상상해서 그림으로 그려 봐.**

## 3단계 놀면서 생각 쓰기

아리아리 신아리랑 신나게 놀아 보자 끝없이 이어지는 보태보태 놀이

# 지칠 때까지 이어진다! 문장 만들기 놀이!

### '보태보태 놀이'란?

① 기사를 읽고 문장을 하나 만들어.

  잡는 것에 성공했다.

② 그 문장에 어울리는 말을 보태서 **새로운 문장**을 만들어.

  라이엘산뒤쥐를  잡는 것에 성공했다.

③ 그 문장에 어울리는 말을 보태서 **또 새로운 문장**을 만들어.

  학생들은  라이엘산뒤쥐를  잡는 것에 성공했다.

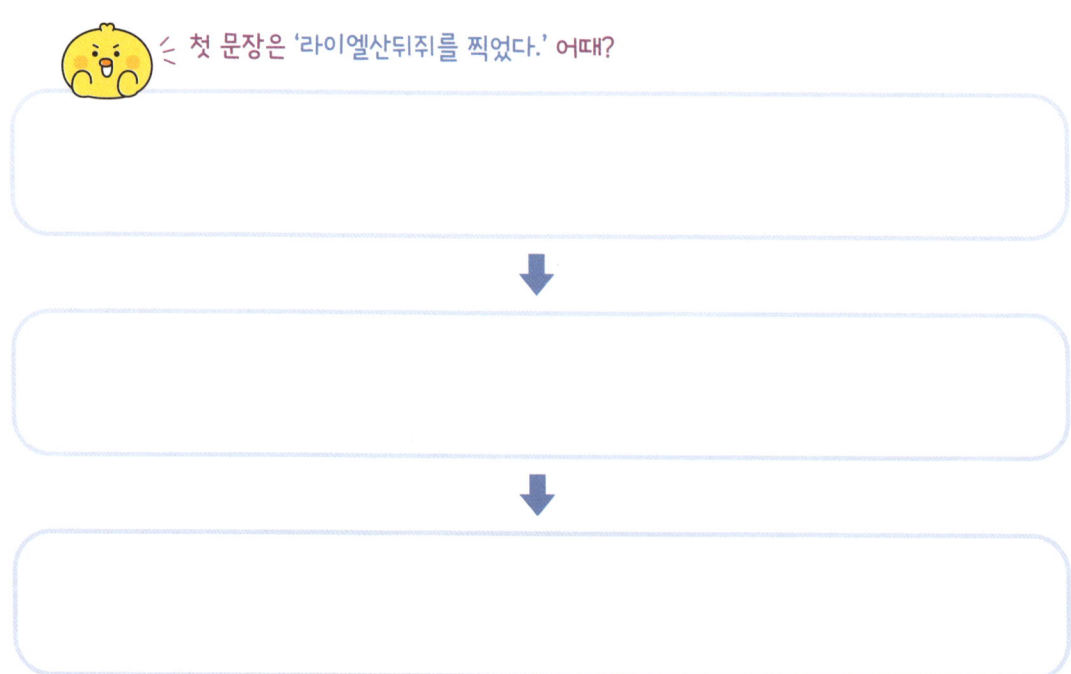

첫 문장은 '라이엘산뒤쥐를 찍었다.' 어때?

**TIP!** 보태보태 놀이 재미있게 하는 꿀팁! 가족 중 한 명과 대결해 봐! 과연 누가 먼저 지칠 것인가?

# 4단계 잠깐 쉬어 가기

**사고력 쑥쑥! 아리와 함께 알쏭달쏭 어휘 미로**

아리가 어휘 미로를 빠져나가려고 해.
〈보기〉를 읽고 해당 뜻을 가진 어휘를 찾아 미로를 탈출해 봐.

출발!

| 명성 | 훈련 | 베일 | 인류 |
|---|---|---|---|
| 운행 | 유산 | 배구 | 이빨 |
| 기차 | 수비 | 맹수 | 현미경 |
| 개울 | 대결 | 진드기 | 습지 |

〈보기〉

① 세상에 널리 퍼져 평판이 높은 이름을 뜻하는 말이에요.

② 정해진 길을 따라 차량 등을 운전하여 다니는 것을 말해요. 자기 부상 열차는 인천 국제공항에서 ○○된 적이 있어요.

③ 앞 세대가 물려준 사물이나 문화를 뜻해요. 센티널족을 인류의 ○○으로 여기고 지켜야 해요.

④ 외부의 침략이나 공격을 막아 지킨다는 뜻이에요. 김연경 선수는 공격도 이것도 잘하는 훌륭한 선수예요.

⑤ 주로 육식을 하는 사나운 짐승을 뜻해요. 사자나 호랑이를 이를 때 이 말을 써요. 고대 로마에서는 검투사들이 사자와 결투를 벌이기도 했어요.

⑥ 눈으로 볼 수 없을 만큼 작은 물체나 물질을 확대해서 보는 기구를 이르는 말이에요. 모낭충은 아주 작아서 이것을 통해 봐야 해요.

⑦ 습기가 많은 축축한 땅을 뜻하는 단어예요. 캘리포니아대 학생들은 라이엘산뒤쥐를 잡기 위해 개울과 이곳에 구멍을 팠어요.

정답 184쪽

# 정답

## 1주차

- **DAY 1** (15쪽, 17쪽)
  - 기사 완성: 경복궁, 임진왜란
  - 미로 찾기:

- **DAY 3** (23쪽)
  - 낱말 퀴즈: 납치, 흉내, 방지

- **DAY 6** (35쪽)
  - OX 퀴즈: X, O, O

- **DAY 7** (41쪽)
  - 가로세로 낱말 퍼즐:

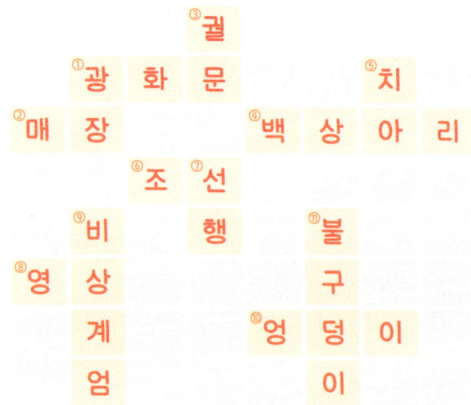

## 2주차

- **DAY 3** (51쪽, 53쪽)
  - OX 퀴즈: O, X, O
  - 숨은 그림 찾기:

- **DAY 5** (59쪽)
  - '마칠 종'이 들어 있는 말: 종료, 종착역

- **DAY 7** (69쪽)
  - 숨은 단어 찾기:

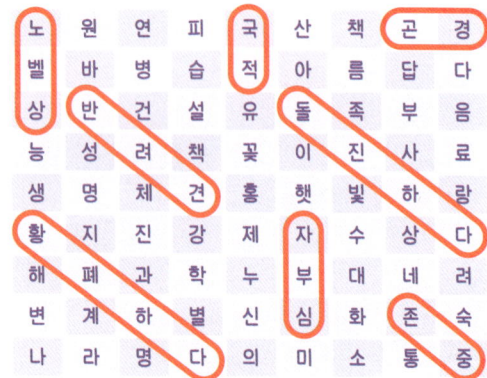

## 3주차

- **DAY 2** (75쪽)
  - '해로울 해'가 들어 있는 말: 피해, 방해

- **DAY 4** (85쪽)
  - 집 찾기: 202호

- **DAY 5** (87쪽)
  - 낱말 퀴즈: 금값, 지폐, 가치

- **DAY 6** (91쪽)
  - 수수께끼: 친구, 우크라이나 사파리 공원, 풀이나 나뭇가지

- DAY 7 · (95쪽, 97쪽)
  - 선 잇기: ① - 멕시코, ② - 과학자
  - 어휘 미로:

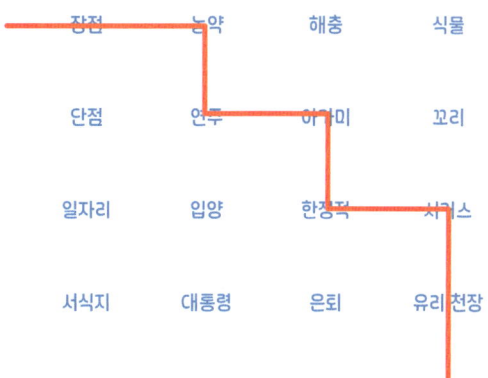

## 4주 차

- DAY 1 · (99쪽)
  - 일기: 네 X, ① 내
    솔찍하게 X, ② 솔직하게
    자랑스럽개 X, ③ 자랑스럽게

- DAY 2 · (103쪽)
  - OX 퀴즈: O, X, X

- DAY 3 · (107쪽, 109쪽)
  - '늙을 노'가 들어 있는 말: 노인, 노약자, 노인정
  - 암호 풀기: (왼쪽부터 시계 방향으로)
    축제, 올림픽, 수영, 겨울

- DAY 7 · (125쪽)
  - 가로세로 낱말 퍼즐:

## 5주 차

- DAY 3 · (135쪽)
  - OX 퀴즈: X, O, O
  - 일이 일어난 순서: ②-③-④-①

- DAY 4 · (139쪽, 141쪽)
  - 기사 완성: 제임스 웹, 블랙홀
  - 틀린 그림 찾기:

- DAY 6 · (147쪽)
  - 낱말 퀴즈: 급식, 설탕, 향료

- DAY 7 · (153쪽)
  - 숨은 단어 찾기:

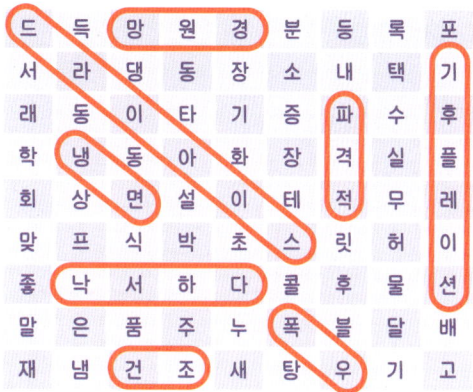

## 6주 차

- DAY 1 · (155쪽)
  - 수수께끼: 조선 후기, 장용영, 장창술

- DAY 2 · (159쪽)
  - 기사 메모: 자석, 화석 연료

## • DAY 3 • (163쪽, 165쪽)
- **기사 순서**: ①-③-②
- **일기**: 쏟아졌다 X, ① 쏟아졌다
  몽당 X, ② 몽땅
  내시며 X, ③ 내쉬며
- **숨은 그림 찾기**:

## • DAY 5 • (171쪽)
- **기사 완성**: 맹수, 이빨

## • DAY 7 • (179쪽, 181쪽)
- **선 잇기**: ① - 1902년, ② - 밀월
- **어휘 미로**:

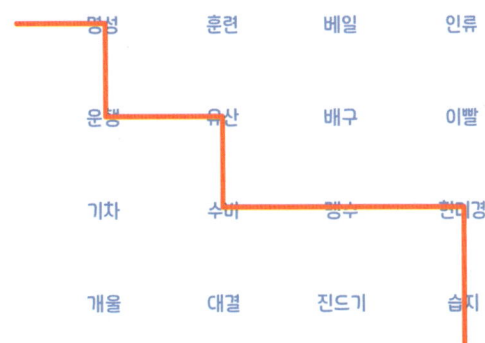

## 출처

### 사진 출처

|  |  |
|---|---|
| 14쪽 | 광화문 \| 게티이미지코리아 |
| 17쪽 | 광화문, 미로 \| 게티이미지코리아 |
| 22쪽 | 딥페이크 \| 게티이미지코리아 |
| 26쪽 | 지옥의 문 \| 게티이미지코리아 |
| 30쪽 | 국회 \| 게티이미지코리아 |
| 34쪽 | 수묵화 배경 \| 게티이미지코리아 |
| 38쪽 | 송아지 \| 게티이미지코리아 |
| 42쪽 | 문어 \| 게티이미지코리아 |
| 46쪽 | 한강 작가님 \| 게티이미지코리아 |
| 50쪽 | 비둘기 \| 게티이미지코리아 |
| 54쪽 | 아이와 개 \| 게티이미지코리아 |
| 55쪽 | 개 \| 게티이미지코리아 |
| 58쪽 | 산갈치 배경 \| 게티이미지코리아 |
| 62쪽 | 바자우족 \| 게티이미지코리아 |
| 66쪽 | 교실 배경 \| 게티이미지코리아 |
| 70쪽 | 교실 배경 \| 게티이미지코리아 |
| 74쪽 | GMO 식물 \| 게티이미지코리아 |
| 78쪽 | 여자아이 \| 게티이미지코리아 |
| 82쪽 | 아홀로틀 \| 게티이미지코리아 |
| 86쪽 | 금 \| 게티이미지코리아 |
| 90쪽 | 코끼리 배경 \| 게티이미지코리아 |
| 94-95쪽 | 셰인바움 대통령 \| 게티이미지코리아 |
| 102쪽 | 도널드 트럼프 대통령 \| 위키미디어 커먼스 |
| 106쪽 | 북극곰 \| 게티이미지코리아 |
| 109쪽 | 축제, 올림픽, 겨울, 수영 \| 게티이미지코리아 |
| 110쪽 | 개 \| 게티이미지코리아 |
| 111쪽 | 개, 고양이 \| 게티이미지코리아 |
| 114쪽 | 남자아이 \| 게티이미지코리아 |
| 118쪽 | 윈스턴 처칠 \| 위키미디어 커먼스 |
| 122쪽 | 여자아이 \| 게티이미지코리아 |
| 126쪽 | 드라이아이스 \| 게티이미지코리아 |
| 127쪽 | 연기 \| 게티이미지코리아 |
| 130쪽 | 바나나 \| 게티이미지코리아 |
| 134쪽 | 코코아 \| 게티이미지코리아 |
| 138쪽 | 제임스 웹 망원경으로 촬영한 남반구 고리 성운 \| 위키미디어 커먼스 |
| 142쪽 | 조선 시대 배경 \| 게티이미지코리아 |
| 146쪽 | 우유 \| 게티이미지코리아 |
| 154쪽 | 무예 24기 \| 수원특례시청 |
| 158쪽 | 자기 부상 열차 \| 인천 국제공항 |
| 166쪽 | 김연경 선수 \| 게티이미지코리아 |
| 170쪽 | 로마 콜로세움에서 사자와 싸우는 검투사 \| 위키미디어 커먼스 |
| 174쪽 | 현미경으로 본 모낭충 \| 위키미디어 커먼스 |

### QR 제공 영상 출처

|  |  |
|---|---|
| 14쪽 | 광화문 반세기 희귀 영상 대공개! \| 자료 제공 MBC |
| 26쪽 | 투르크메니스탄 '지옥의 문'…50년 만에 불 꺼지나? \| 자료 제공 MBC |
| 30쪽 | '12월 3일'과 '12월 14일'…대한민국 국회의 기록 \| 자료 제공 MBC |
| 34쪽 | 김만덕 홍경래 역사가 술술 역사 한국사 2편 모아 보기 \| 자료 제공 EBS 키즈 |
| 38쪽 | 속담이 야호 - 못된 송아지 엉덩이에 뿔이 난다_#001 \| 자료 제공 EBS 키즈 |
| 42쪽 | 무척추동물 중 가장 지능이 뛰어난 문어의 똑똑한 사냥법 \| 자료 제공 KBS |
| 46쪽 | 한강 노벨 문학상 강연…"내 모든 질문, 사랑 향해" \| 자료 제공 SBS |
| 54쪽 | 사람이야 개야? 주인이랑 대화하다 말문 터진 천재견 뭉이 \| 자료 제공 KBS |
| 58쪽 | '지진 물고기' 11m 초대형 산갈치…신비로운 모습에 다가간 다이버 \| 자료 제공 SBS |
| 62쪽 | 작은 배에서 아이도 낳고 키우며 사는 '바자우족' \| 자료 제공 EBS |
| 66쪽 | 속담이 야호 - 뿌리 대로 거둔다_#001 \| 자료 제공 EBS 키즈 |
| 82쪽 | 너 아픈데도 이렇게 귀엽기 있냐 \| 자료 제공 SBS |
| 86쪽 | 너도 나도 금테크…'사금(沙金) 채취'에 '콩알금' 모으기까지 \| 자료 제공 SBS |
| 90쪽 | "제발 일어나" 25년 친구 잃은 코끼리…슬픈 작별 인사 \| 자료 제공 KBS |
| 94쪽 | '마초 사회' 멕시코에서 첫 여성 대통령 취임 \| 자료 제공 KBS |
| 98쪽 | 기네스북에 이름 올린 '현실판 늑대 소년' \| 자료 제공 KBS |
| 106쪽 | 차가운 바닷물에 '풍덩'…강릉에도 북극곰 축제 '열기 가득' \| 자료 제공 MBC |
| 110쪽 | 유기견 보호소 24시는 늘 바쁘다! \| 자료 제공 KBS |
| 122쪽 | 속담이 야호 - 하늘이 무너져도 솟아날 구멍이 있다_#001 \| 자료 제공 EBS 키즈 |
| 126쪽 | Why - 최고다! 호기심 딱지 시즌4 - 조심! 드라이아이스맨_#001 \| 자료 제공 EBS 키즈 |
| 130쪽 | '와글와글' 벽에 붙인 바나나가?…86억 원에 낙찰 \| 자료 제공 MBC |
| 134쪽 | 그저 나무 베어 내는 수밖에…코코아 '빨간불' 초콜릿 '비상' \| 자료 제공 SBS |
| 138쪽 | 제임스 웹 우주 망원경이 관측한 우주 모습 \| 자료 제공 EBS |
| 142쪽 | 조선 시대부터 냉면 시켜 먹던 조상님들의 짬바, 역시 배달의 민족 클라스 \| 자료 제공 SBS |
| 146쪽 | "생선 비린내는?" 젖소 부족으로 '물고기 우유' 등장 \| 자료 제공 SBS |
| 150쪽 | 12살에 아빠 신발에 낙서하다가 나이키 취업까지 \| 자료 제공 MBC |
| 154쪽 | [국가유산순례 - 드오] 강한 나라 만들기 프로젝트 - 무예도보통지 \| 자료 제공 KBS |
| 158쪽 | 국내 기술로 만든 자기 부상 열차 개통…세계 2번째 \| 자료 제공 SBS |
| 166쪽 | 점수 차 벌어진 그 순간, '월클' 김연경은 뭐라고 했을까? \| 자료 제공 SBS |
| 174쪽 | 피부 속에 벌레가 산다?! 거의 모든 사람에게 존재하는 피지를 먹고 사는 벌레, 모낭충 \| 자료 제공 KBS |
| 178쪽 | 오랫동안 숨어 있었는데…123년 만에 카메라에 포착된 '라이엘산땃쥐' \| 자료 제공 강원도민일보 강원도민TV |